JN424787

통합교육,
나는 무엇을
해야 합니까?

초등 통합교육 실행 매뉴얼

통합교육, 나는 무엇을 해야 합니까?

초등 통합교육 실행 매뉴얼

박승희
홍정아
김수연
최승숙
문주연 지음

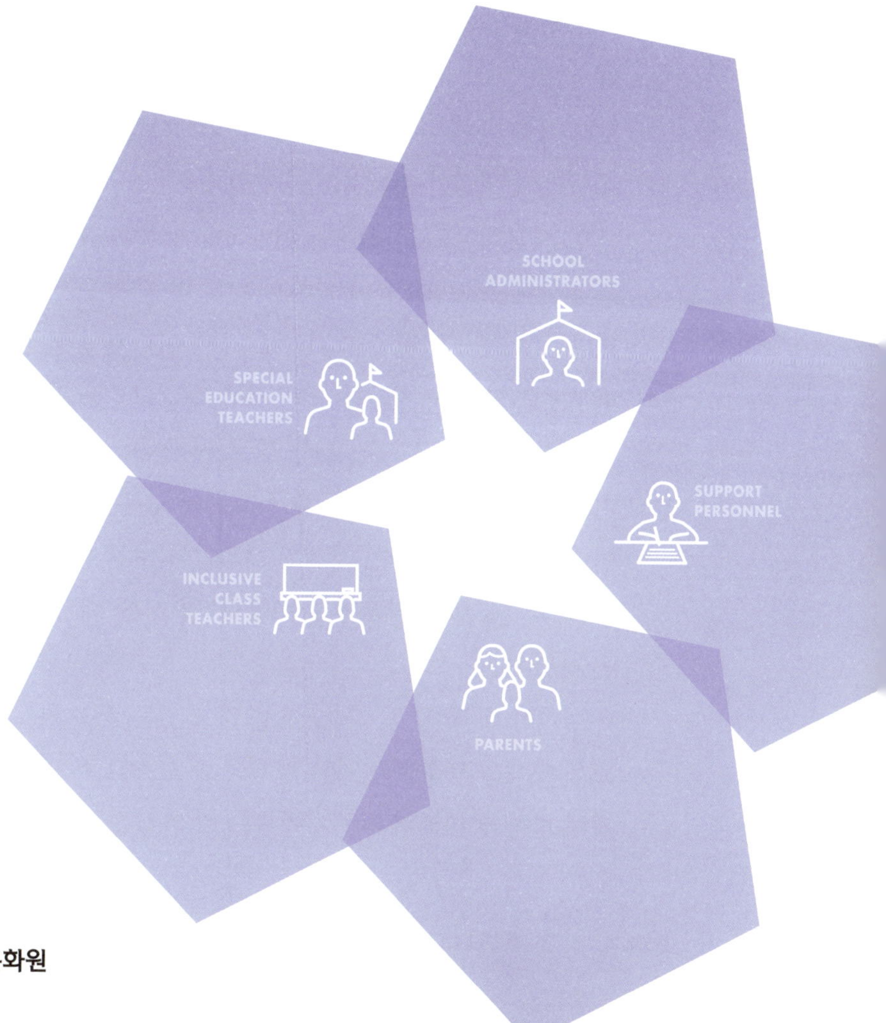

이화여자대학교출판문화원

서문

통합교육, '우리'는 각자 무엇을 해야 합니까?

이제 통합교육 연구로 시작된 나의 교수 생활이 거의 30년에 가까워진다. 나는 지난 30년간 우리나라 통합교육의 시작과 성장을 연구자와 교수로서 가장 가까이에서 지켜보고 고민한 사람들 중 한 사람이다. 그 지난한 30년의 세월 동안 통합교육을 잘 해보려는 노력은, 한마디로 쉽지 않았다.

현 시점에서도 그 거대한 일반교육 왕국은 잠잠히 있으며 주로 특수교육 왕국에서 통합교육이 거론된다. 그러나 '특수학교 설립'이 반대에 부딪힌다는 소리가 한번 들리기라도 하면 여러 방송국들과 신문 기자들에게 하루에도 몇 통의 전화를 받는 것이 모두 다 "우리나라에 특수학교가 그렇게 부족하다면서요……"라는 말로 시작되는 질문들이다. TV 뉴스, 신문 기사가 온통 우리나라 장애학생 교육의 모든 문제가 특수학교가 부족해서인 것처럼 이야기한다. 그러면 어김없이 며칠 뒤 교육부 장관이라는 사람들은 몇 년도까지 전국에 '특수학교' 몇 개를 '더' 설립하겠다는 발표를 하곤 하였다.

이러한 대책이, 즉 분리교육을 하고 있는 특수학교의 증설 발표는 통합교육 지향을 특수교육 기본 정책의 한 요소로 두고 있는 우리나라 교육부 정책 방향에 위배된다는 것쯤에는 별 관심을 두지 않고 여론에 일시적으로 영합하는 태세를 보여왔다. 이러한 부침을 겪으며 지난 30년의 우리나라 현대 특수교육의 역사가 바로 장애학생의 '통합교육'과 함께 흘러온 것이다.

이 책에서는 바로 '그 통합교육'에 대한 '실행 방법론'을 처음으로 통합교육 실행자 중심으로 체계적으로 다루고 있다. 통합교육은 특수교사 혼자 하는 것이 아닌 '함께' 실행하여야 하는 교육임을 강조하면서 통합교육 실행 방법론의 기초를 안내하고 있다. 장애학생이 통합되어 있는 통합학급의 일반교사, 특수학급의 특수교사, 학교관리자, 지원인력 및 학부모 모두가 함께 실행해가는 것이 통합교육임을 알리면서 이 5가지 주체의 실행자를 대상으로 통합교육 방법론의 기초를 알리려는 시도를 한다. 물론 학교 구성원 중 학생이 하나의 중요한 구성원 집단으로 통합교육의 대상이 되는 것이지만, 이 책에서는 통합교육을 실시하는 '실행자 집단'에 초점을 두어 학생 집단은 제외하였다. 왜냐하면 장애학생이든 일반학생이든 통합교육을 받고 참여하는 입장이다. 이에 학교관리자, 통합학급 교사, 특수교사, 하부모 및 지원인력이라는 5가지 주체의 통합교육 실행자를 대상으로 우리나라 초등학교의 현재 통합교육 맥락을 고려하면서 그 맥락에 적용 가능한 통합교육 실행 방법론의 가장 기초가 되는 내용을 모아서 담아내었다.

이 책은 우리나라 학교 현장에서 '통합교육'이라는 이름으로 불리는 모든 맥락의 통합교육 상황에서, '그럼 나는 무엇을 할 수 있을지?'를 질문하는 학교관리자, 교사, 학부모 및 지원인력들에게 '통합교육 실행 방안을 제시한다. 각 실행자가 역할들을 수행하기 위해 구체적으로 이러한 상세 활동들을 할 수 있다'라는 것을 알리기 위해 역할들을 '목록화'하였으며, 그 역할 수행의 구체적 활동이나 지침을 이 책의 주요 내용으로 구성하였다.

통합교육이라는 이름을 내걸지 않고 그냥 이루어지는 학교교육과 달리,

통합교육에서는 무엇을 좀 다르게 해야 하는지, 일반학급에 '통합교육 학생'으로 와 있는 특수교육대상 학생을 어떻게 교육을 해야 하는지, 그냥 두고 보고 있으면 안 되는데, 그럼 '나는' 무엇을 최소한으로 할 수 있을지에 대해 질문하는 학교관리자, 통합학급 교사, 특수교사, 학부모 및 특수교육 보조원에게 어떻게 시작을 하면 될지에 관한 실행 가능한 제안을 드리고 싶었다. 설사 그 제안이 각 학교의 개별 특수교육대상 학생의 질 높은 통합교육 실행에 반드시 100% '정답'까지는 될 수 없을지라도 '최선의 답'을 향한 '최소한'의 필수적 노력의 시작이 될 수 있는 아이디어를 제안해드리고 싶은 열망이 있었다.

특수교육대상 학생들이 특수학교나 특수학급에서 온종일 전일제로 교육을 받는 경우와 달리 통합교육이라는 이름으로 일반학급에서 더 많은 시간의 교육을 받고 있는데, 이 '통합수업'을 어떻게 하면 학생들에게 보다 적합한 교육의 기회가 될 수 있을지에 대해 통합교육 주체들에게 이 책은 그 실행 방법을 제공한다. 이러한 실행 방법들은 특수교육 분야에서 수행된 통합교육에 대한 장기간 축적된 연구 결과들에서 제안하는 것들이고 이미 학교 현장에서 실행되어 유익하고 효과적인 방법으로 증명된 내용들로 구성되었다. 아마 이 책은 연구와 학교 현장을 연결하는, 즉 연구 결과를 현장에 적용 가능하도록 해석해 실행할 수 있는 방법으로 정리한 내용을 제시할 것이다.

무엇보다 이 책에서 특별히 강조한 것은 통합교육은 특수교사나 통합학급 교사가 개인 차원에서 혼자서 실행하는 것이 아니라는 점이다. 학교 차원의 통합교육 실행 시스템이 구축되어 학교구성원 각자의 역할 수행이 분명히 요청된다는 것이다. 이러한 강조는 이 책의 제목을 '통합교육, 나는 무엇을 해야 합니까?' 그리고 부제를 '초등 통합교육 실행 매뉴얼'로 작명한

데에서도 분명히 나타난다. 저자들은 이 점을 확실하게 강조하고 싶었다. 이제까지 훌륭한 한 교사의 개인적 헌신과 전문성, 나아가 일방적 노력에 과도하게 의존하면서 우리나라 통합교육이 힘들게 지탱되어왔다.

이제는 변화해야 한다. 학교 차원에서 통합교육 실행에 참여해야 하는 모든 '어른들'이 함께 가치를 공유하고, 함께 책임을 지며, 함께 전문성을 공유하고 함양해가면서 통합교육을 학교구성원이 모두, 같이, 함께, 협력하며 실행해가는 것이다. 통합교육은 우선은 학교구성원 전체의 참여로 '학교 차원'에서 이루어지는 교육이라는 가치를 천명한다. 이 가치를 기초로 통합교육은 장애학생만을 위한 교육이 아닌 학교의 '모든 학생들'을 위한 '최선의 교육'을 향한 학교교육 개선 운동, 학교교육력 제고를 위한 학교 차원의 노력이라는 점이 학교 전체 구성원들 사이에 분명히 공유되어야 한다. 이러한 맥락에서 이 책에서는 한 학교의 5가지 통합교육 실행자인 학교관리자, 통합학급 교사, 특수교사, 학부모 및 지원인력의 역할들과 그 역할 수행 지침을 간결하게 목록화하였다.

이제까지 국내외 통합교육 관련 단행본이 아주 많았지만, 통합교육 실행 방법론을 한 학교의 통합교육의 5가지 실행자별로(학교관리자, 통합학급 교사, 특수교사, 학부모 및 지원인력) 그 역할들과 지침들을 구체화하여 짧게 제시한 자료는 없었다. 특별히, 우리나라에서 아직까지는 통합교육 실행 방법론에 대한 문헌 자료가 많이 부족한데, 미약하나마 이 통합교육 실행 매뉴얼을 초등 통합교육 맥락을 주요 초점으로 집필하여 이제 세상에 내놓게 된 것을 다행으로 생각한다. 초등 통합교육과 유아 및 중등 통합교육이 그 구체적 실행에서 차이가 없지는 않지만, 기본적으로 학교관리자, 통합학급 교사, 특수교사, 학부모 및 지원인력이 통합교육 실행을 위해 해야 하는 최소한의 역할 수행에서는 유사할 수 있다. 이에 이 매뉴얼의 내용이 비록 초등 통합교육에 초점을 두었지만 유아 및 중등 통합교육 상황에서도 확대 적용 가능하고 참조 가능하다.

"통합교육, 나는 무엇을 해야 합니까?"를 질문하는 모든 분들에게 이 작은 책이 도움이 되길 소망한다. 통합교육 총론만 있고 각론이 부족한, 그리고 연구와 논문과 이론 서적만 있고 방법론이 부족한 우리나라 통합교육 참고자료의 한계를 넘어, 이 작은 책은 좀 다른 자료가 되길 저자들은 기대하고 있다. 통합교육, 이제 어떻게 시작하지? 통합교육, 우리가 하고 있는 것, 통합교육 맞아? 통합교육, 여기서 그 다음은 어디로 어떻게 가야 하지? 질 높은 통합교육을 실현하고 확대하기 위해 이러한 질문과 고민을 하며 헌신적 노력을 아끼지 않는 모든 분들에게, 이 책이 첫 번째로 찾는 자료가 될 수 있다면 큰 영광이다. 또한 저자들은 이 책의 인쇄를 거듭하며 부족한 면들을 보강해나갈 것을 약속드린다.

끝으로, 현 시점은 통합교육을 왜 해야 하는지 혹은 왜 하지 않아야 하는지에 답을 해온 지난 30년을 뒤로 보내야 할 시점이다. 이제는 통합교육을 '어떻게' 성공적으로, 적합하게, 질 높게, 잘 실행할 수 있는가에 대해 풍부한 답을 찾아나가야 할 시점이 이미 되었다. 아무쪼록 이 '통합교육 실행 방법론 책'이 우리나라에서 질 높은 통합교육을 실시하고자 하는 학교 현장의 그 누구에게나 가장 손쉽게 접근 가능하고 옆에 두고 보는 '작고 매운 책'으로 남겨지길 겸손히 희망한다. 무엇보다 이 모든 노력들이 선하게 합쳐져서 우리나라에서 특수교육 요구가 있거나 장애가 있는 모든 학생들이 자신의 집과 가장 가까운 학교에서 '질 높은 통합교육'을 받는 기회를 누리기를 응원하고 또 응원한다.

책임저자 박승희(이화여자대학교 특수교육과 교수)

왜 통합교육 실행 매뉴얼인가?

▪ 이 책은 어떤 책인가요? ▪

『통합교육, 나는 무엇을 해야 합니까?: 초등 통합교육 실행 매뉴얼』은 통합교육을 적합하게 실행하기 위해 길잡이 역할을 해줄 지침서이다. 이 책은 한 초등학교의 통합교육은 학교관리자, 특수교사, 통합학급 교사, 학부모 및 지원인력이라는 5가지 주체, 그 어느 누가 '혼자' 실행하는 것이 아니라 모두가 협력하여 실행해야 한다는 '가치'를 전제로 각 실행자가 담당해야 할 '역할'을 목록화하여 일목요연하게 안내한다. 통합교육 실행자의 역할 목록과 지침은 초등 통합교육 질 지표(quality indicators)에 의거해서 (박승희, 홍정아, 최선실, 2012) 개발되었다. 통합교육 실행을 위해 "내가" 그리고 "우리가 모두" 함께 해야 할 역할을 알려준다고 할 수 있다. 현재까지 국내 통합교육 참고문헌은 통합교육 관련 이론서와 연구 논문 그리고 외국 통합교육의 실제 소개와 관련된 번역서가 대부분이었다면, 이 책은 우리나라 학교 맥락에서 통합교육 실행 방법론에 대한 국내 최초의 단행본으로 볼 수 있다. 이 책은 '통합교육, 나는 무엇을 해야 합니까?'를 질문하는 모든 분들에게 적어도 한 가지 답을 제공할 수 있다.

■ 이 책의 저자는 누구인가요? ■

이 책의 집필은 상당히 오랜 숙고와 신중한 계획 하에 오랜 기간이 소요되었다. 이 책의 저자 구성에는 통합교육 실행에 관련된 다양한 전문가를 포함시키고자 하는 책임저자의 특별한 의도가 반영되었다. 우선 통합교육 연구를 근 30년 동안 해온 책임저자 박승희의 집필 계획에 의해, 통합교육 실행에 특별히 중요하게 관여된 현장 특수교사 및 통합학급 교사와 더불어 특수교육과 교수, 교육대학교 교수를 공동저자로 집필에 초대하였다.

1990년대 초반부터 23년 '특수교사' 경력을 가지고 일반학교 현장에서 현재까지 통합교육을 선도적으로 실행하고 있는 특수교사이자 특수교육학 박사학위 소지자인 홍정아 박사, 현장 특수교사 출신이며 통합교육을 주 전공으로 특수교육학 박사학위를 취득하고, 현재 교육대학교에서 통합교육을 실행할 '일반교사'를 양성하는 김수연 교수, 학습장애 전공으로 특수교육학 박사학위를 취득하고 현재 통합교육을 실행할 '특수교사'를 양성하는 최승숙 교수, 그리고 현재 특수교육학 박사과정생이며 일반교사 16년 경력의 '통합학급 교사'로 현재 학교 현장에서 통합교육을 실행하고 있는 문주연 교사를 집필진으로 구성하였다.

■ 이 책의 내용은 무엇인가요? ■

이 책은 1부와 2부로 나뉘어 있고, 1부 앞에는 통합교육 실행 매뉴얼이 왜 이 시점에 우리나라 통합교육의 발전을 위해 필요한지 〈서문〉과 〈왜 통합교육 실행 매뉴얼인가?〉 부분에서 설명하고 있다.

첫째, 1부에는 초등 통합교육 질 지표(박승희 외, 2012)에 근거하여 개별 학교의 통합교육 실행을 점검하기 위한 기초 내용이 들어 있다. 즉 통합교육 실제를 점검하기 위해 통합교육 질 지표의 필요성을 설명하고, 그 질 지표를 활용하여 개별 학교의 통합교육 실제를 자체적으로 점검하는 방법과 그 결과를 활용하는 방안이 안내된다. 이러한 결과에 근거하여 개별 학교의 통합교육 발전 방안을 수립할 수 있다. 1부 3장에서는 초등 통합교육 질 지표 55개에서 실행자 중심으로 46개로 재구성한 통합교육 실행자 질 지표로 실행자의 역할 수행을 점검하는 방안이 안내된다. 또한 4장부터 8장에 제시될 통합교육 5가지 주체의 역할 목록과 지침 부분의 집필 과정과 내용이 설명된다.

둘째, 2부에서는 초등 통합교육 질 지표에 근거해서 '통합교육 실행자'에 초점을 두고 추출한 '초등 통합교육 질 지표 46개'를 기반으로 그 실행자의 역할 목록을 제시하면서 상세 역할 목록과 역할 수행 지침의 내용을 담아낸다. 특히, 한 학교의 통합교육 실행의 주요 참여자인 5가지 주체, 학교관리자, 특수교사, 통합학급 교사, 학부모 및 지원인력이 자신에게 해당되는 통합교육 질 지표를 실행하기 위해 각각 어떠한 역할을 수행할 수 있는지 그 역할 목록을 최대한 짧게 간결하게 제시한다. 즉 통합교육을 적합하게 실행하기 위해서 각 실행자는 '이것을 해야 한다'라고 구체적으로 알려주는 내용이다. 〈부록 3〉에는 5가지 실행 주체의 역할 목록 전체를 표로 제시한다. 통합교육을 처음 실행하는 경우나 이제껏 통합교육이란 이름으로 교육을 제공하였지만, 과연 이것을 통합교육이라고 칭할 수 있을지 그 적합성 여부를 판단하는 데 도움이 되는 통합교육의 구체적인 질적 기준으로 작동할 수 있는 실행자의 실행 기준을 제공한다(〈부록 1〉 참조).

▪ 이 책의 독자는 누가 될까요? ▪

이 책의 1차 독자는 통합교육을 실행하는 초등학교의 '학교관리자'와 '교사'가 될 수 있다. 이 책은 '혼자가 아닌 함께 실행하는 초등 통합교육'을 강조한다. 학교관리자와 교사만이 이 책의 독자가 아니다. 더 나아가 통합교육 실행과 관련된 다양한 그 외의 인사들, 특수교육 보조인력, 학교 행정인력, 학부모, 치료사, 사회복무원 및 자원봉사자 등이 자신들의 역할을 판별해내기 위해 이 책의 독자가 될 수 있다.

또한 이러한 통합교육 실행자뿐 아니라 학교 현장의 통합교육 실제를 장학지도하고 관리할 '장학사'들이 이 책의 중요한 독자가 될 수 있다. 장학사들이 통합교육의 실제를 장학할 때 필요한 '통합교육의 질적 기준'을 이 책이 담고 있다. 나아가, 통합교육 관련 연구를 하는 연구자와 교수들과 특수교육 전공 학부생 및 대학원생들이 독자에 포함된다.

▪ 이 책의 용도는 무엇인가요? ▪

이 책은 우리나라 통합교육 참고문헌 집합에 부족한 통합교육 실행 방법론을 담은 귀한 단행본으로 추가될 수 있다. 통합교육의 개념, 정책, 중요성, 필요성 및 효과 등에 대한 기존의 국내외 서적과 논문들에 더해서, 이 책은 통합교육의 실제를 발전시키기 위해 통합교육 연구 결과들을 학교 현장 교육의 실제에 적용 가능한 방법론 지식으로 전환한 '현장 친화적' 내용을 담고 있는 점이 중요한 특징이다. 즉 통합교육 실행자들에게 'how to do'를 알리려고 친절하고 쉽게 다가가는 핸드북의 성격을 지닌다. 통합교육의 5가지 실행 주체의 역할 목록을 한 세트로 제시함으로써 각 주체의 역할뿐 아니라 다른 주체의 역할을 인지하게 함으로써 각 주체의 역할 수행의 책무감과 중요성을 알게 한다.

한 초등학교 전체의 통합교육 실행 양상과 수준, 그리고 통합교육 실행자인 학교관리자, 교사와 학부모 및 지원인력의 역할 수행을 점검하고자 할 때, 자체적으로 진단평가할 수 있는 점검 양식들을 〈부록 1〉, 〈부록 2〉에 포함하고 있다. 따라서 이 양식들을 사용하여 개별 학교가 통합교육 실제를 '자체 점검'을 하거나 장학사가 통합교육 장학지도를 할 때 활용할 수 있다. 또한 통합교육 실행자의 역할 수행 정도에 대한 점검 결과는 이들의 지원 및 연수교육 요구로 전환되어 재교육 내용의 구성에 사용될 수 있다.

나아가, 연구자들이 여러 학교의 통합교육 실제를 비교하여 연구하고자 할 때도 이 책이 제시하는 통합교육 실행의 진단평가 부분이 활용될 수 있다. 또한 이 책은 대학이나 대학원의 일반교육학이나 특수교육학 전공 과정에서 통합교육 관련 교재의 기능을 담당할 수 있다. 덧붙여, 일반교사 및 특수교사의 정기적인 교사 재교육의 연수 교재로 활용 가능하다.

▪ 이 책에 사용된 용어 설명 ▪

1. 특수교육 보조인력: 이제까지 가장 일반적으로 사용된 특수교육 보조원에 대해서 2019년 교육부의 특수교육운영계획(교육부, 2019)에서는 '특수교육 보조인력'이라는 용어를 사용하고 있고, 2018년의 같은 문서(교육부, 2018)에서는 특수교육 보조원이라는 용어를 사용하였다. 이 책에서는 특수교육 보조인력, 특수교육 보조원을 상호교환적으로 사용하였다. 또한 이 용어가 지역에 따라 '특수교육 실무사' 등 다른 호칭으로 사용됨을 책 안에서 설명하였다.

2. 특수교육대상 학생: 특수교육대상 학생과 특수교육대상자는 동의어로 사용되었다. 그런데 '장애학생'과 '특수교육대상 학생'의 경우, 이 두 용어가 100% 일치하지 않음을 인지하는 가운데 문맥에 따라 상호 교환적으로 혹은 문맥에 따라 2개 용어 중 더욱 적절한 용어로 구별하여 사용하였다.

3. 일반학생: 이 책에서 일반학생은 특수교육대상 학생이 '아닌' 학생을 의미한다. 여러 특수교육 관련 문헌에서 '비장애학생'으로 칭하기도 하는 그 학생을 의미한다. 특수교육 대상 학생의 경우도, 특수교육 요구를 빼면, 당연히 일반학생이라 칭할 수 있다.

4. 통합학급 혹은 일반학급: 특수교육대상 학생이 통합된 학급을 '통합학급'으로 지칭하였으며, 보다 일반적으로 특수학급이 아닌 초등학교의 다른 학급들을 지칭할 때는 '일반학급'이라는 용어가 사용되었다. 일반학급에는 통합학급이 포함될 수 있다. 통합학급과 일반학급의 구별과 같은 의미를 나타내는 것으로 교사에 대해서는 통합학급 교사와 일반학급 교사라는 용어가 문맥에 맞게 사용되었다.

5. 학교관리자: 이 책에서 학교관리자라 함은 한 학교의 교장과 교감을 포함한다.

6. 지원인력: 학교관리자와 교사를 제외한 통합교육을 지원하는 특수교육 보조인력, 행정인력, 사회복무원, 자원봉사자 등을 포함하며, 이 책에서는 학교 운영과 관련된 의사결정기구인 학교운영위원회를 포함한다.

차례

1부

초등 통합교육 질 지표에 근거한 통합교육 실행 점검

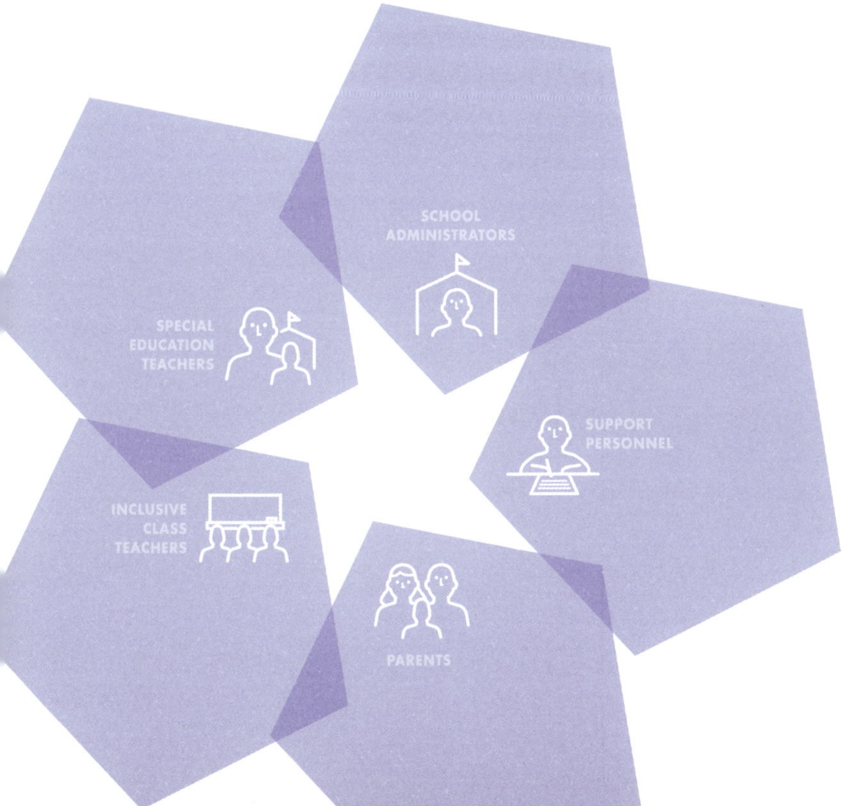

1장

초등 통합교육 실제의 점검과 질 제고를 위한 계획

1. 초등 통합교육 질 지표의 필요성과 목적

1) 초등 통합교육 질 지표의 필요성

우리나라 장애학생 교육의 양적·질적 진보의 역사를 이끌어오는 데 '통합교육' 개념의 출현과 통합교육 실행의 확대는 중요한 추진력으로 작용하여왔다. 1994년 「특수교육진흥법」의 전면 개편 내용 중 중요한 부분의 하나는 특수교육대상 학생의 '교육 배치'에서 일반학교의 '일반학급'을 우선순위에 두면서 통합교육을 지향하는 방향성을 취한 것으로 볼 수 있다. 그 후 2008년에 「장애인 등에 대한 특수교육법」이 제정·공포되면서 통합교육 지향 기조를 그대로 유지하였다. 그러나 이러한 법 조항에서 통합교육 지향이라는 기조를 취하면서도 '분리교육'을 하고 있는 '특수학교' 설립의 꾸준한 증대와 동시에 일반학교 내 특수학급 설치의 지속적 증가는 아마도 우리나라 특수교육 진보의 독특한 측면으로 평가할 수 있다. 이러한 우리나라 특수교육의 고유한 현상에 기여하였을 요인들과 일반학교의 통합교육과 특수학교를 통한 특수교육의 발전사에 대한 비판적 평가는 박승희(1999, 2001, 2003)의 논의에서 찾아볼 수 있다.

지난 1994년 특수교육진흥법의 전면 개편 이후 현재 2019년까지 25년간의 최근 국내외 특수교육 역사는 아무리 장애가 심한 경우에도 그 누구도 학교교육에서 배제하지 않는다는 '무배제'(zero rejection) 원칙 준수를 노력하는 시간이었다. 그것은 '모든' 특수교육대상 학생에게 특수교육 기회를 제공하려는 '교육 권리 보장' 진보의 역사이자 동시에 통합교육 기회 제공 확대의 역사이기도 하다. 그러나 통합교육이라는 이름으로 실행되어온 통합교육의 구체적 '실제'(practices)에 대해서는 특수교육 전문가와 학부모들에 의해 여러 부족한 점들이 이제껏 지적되어온 것도 사실이다. 그 여러 지적 중 아마 가장 중요한 것은 통합교육의 '가치'에 대해 통합교육을 실행할 다양한 전문가와 학부모들 사이에 명확히 합의된 인식의 결여와 통합교육 가치 천명의 부재와 그 가치에 기초하여 기존의 교육 실제를 혁신하고자 하는 적극적 노력의 부족이라 할 수 있다. 나아가, 일반교육 전문가들의 이해와 협력을 이끌어낼 수 있는 통합교육 지원 정책과 실제적 지원 제공의 미약함, 특수교육 전문가들 사이에도 명확한 통합교육 가치에 부합된 교육 실제를 구체적으로 실행해나가는 것에 대한 강력한 의지 부족과 다양한 지원과 관리의 미흡이 실재한 것도 사실이다.

또한 통합교육의 개념과 가치를 명료히 해나가고 유포 확산해가는 과정에서 대부분이 일반교육 분야의 변화를 촉구하고 압박하는 것 없이 특수교육 전문가에 의한 특수교육 분야 내에서 일방적 노력을 경주해나간 점이 지적할 만한 문제였다. 실제로 통합교육 가치에 의거하여 변화를 시도하여야 할 일반교육 분야에서는 자발적 혁신 노력이 미미하였고, 교육 당국은 그것을 제도적으로 압박할 만한 통합교육에 대한 확고한 가치 인식과 지지나 실행력이 부족하거나 지속적이지 못했다. 동시에 안타깝게도 특수교육 분야는 일반교육의 변화를 유도하고 촉구하거나 혹은 강제할 만한 위상을 현재까지도 가졌다고 보기 어렵다.

또한 일반교육과 특수교육이 불필요할 만큼 이원화된 행정 체계를 가지고 있어서 통합교육에 대한 공유된 전문성과 책무성이나 공유된 역할 인식이 부족하였다는 것을 지적할 수 있다. 덧붙여, 일반학교에서 특수교사 위상을 특수학급의 장소로만 국한하고 학교 전체에서 의미 있는 역할을 하는 한 명의 교사라는 인식이 저조한 것도 문제로 지적될 수 있다. 따라서 통합교육 실행 과정에서 통합교육 실행자 간 통합교육 가치에 대한 미약한 합의와 그에 따른 협력 부재와 책임 소재 문제가 종종 발생하였다. 일선 학교의 통합교육 실행의 어려움은 통합교육이 총체적인 '학교 차원'에서 추진되지 않고 통합교육에 대한 신념과 열의가 있는 소수의 특수교사나 일반교사의 '개인 차원'의 노력에 의존해서 시작되고 유지되다 보니 '시스템 차원'의 해결책이나 지원책이 미미한 것에 기인하기도 하였다.

그러나 교육 당국의 통합교육 지향 기조는 지속되고 있고, 가장 최근 2019년 특수교육통계에 의하면 전체 특수교육대상 학생 중 일반학교에서 교육받는 비율이 70%대에 이르는 현상은 수년 이상 지속되고 있다. 일반학교 내에 통합교육 기회의 확대는 통합교육의 질적 향상을 위한 일반학교 구성원들의 역할 확대를 촉구한다. 통합교육의 적합한 실행을 위해 학교 구성원들 각각의 역할을 파악하고 성공적 역할 수행과 점검에 대해 관심을 가질 필요는 증대되고 있다.

결과적으로 통합교육을 일반학교에서 성공적으로 실행하고자 한다면, 학교 구성원들이 통합교육의 최선의 실제(best practices)에 대한 '구체적 기준'의 인지와 통합교육 실행 역량의 신장 필요성이 제기된다. 즉 통합학교(inclusive schools)에서는 통합교육의 적합한 실행의 구체적 기준을 제시하는 통합교육 '질 지표'(quality indicators)의 필요성이 제기되는 것이다(박승희 외, 2012). 통합교육 실행은 전반적인 학교 문화의 변화와 학교 내 모든 구성원들의 협력과 적절한 역할 수행을 요구하는 포괄적이고 종합적인 과정이라는 점에 합의된 인식이 요청된다(박승희, 2003).

이러한 학교의 전반적인 변화를 요청하는 통합교육의 실행 과정에서 '초등학교 통합교육을 어떻게 실행하는 것이 과연 적합한 것인가?'를 안내해 줄 수 있는 초등 통합교육 질 지표나 지침이 요구된다. 즉 초등학교에서 통합교육을 실행할 때 실행자들이 참조할 수 있는 구체적인 지침이 필요한 것이다. 특별히, 특수교육대상 학생 중 가장 많은 수의 학생들이 6년 동안 통합되어 있는 초등학교는 통합교육 기회의 확대만이 아닌 우리나라 통합교육의 질적 향상을 선도하는 중요한 위치에 있다고 볼 수 있다(박승희, 이효정, 허승준, 2015; 조성지, 박승희, 2018).

이에 이 매뉴얼에서는 초등학교에서 통합교육을 실행할 때 통합교육 실행의 실제 한 기준으로 참조할 수 있는 초등 통합교육 질 지표(박승희 외, 2012)를 소개하고 활용한다. 이 통합교육 질 지표는 국내에서는 처음으로 전국적으로 통합교육 전문가 216명을 대상으로 타당화 연구를 거쳐 정제된 통합교육 질적 기준의 한 세트로 볼 수 있다(〈표 1〉 참조). 이를 개별 초등학교에서 어떻게 적용하여 각 학교의 통합교육의 실제를 점검하고 발전시킬 수 있는지의 방안을 이 매뉴얼을 통하여 제시하고자 한다.

2) 초등 통합교육 질 지표의 목적

초등 통합교육 질 지표의 목적과 기능은 다음의 5가지로 정리해 볼 수 있다(박승희 외, 2012).

첫째, 통합교육은 장애학생만이 아닌 모든 학생의 교육에 관심을 둔다.

통합교육 질 지표는 통합교육이 장애학생만을 위한 교육이라는 인식을 개선하고 통합교육의 실행이 학교 내의 모든 교육 활동 내에 포함된 '총체적인 학교 접근'(whole school approach)으로서 모든 학생을 위한 '학교 교육력 향상 과정'임을 제시하는 것이다(박승희, 2002). 통합교육 질 지표 들 하나 하나의 실행은 학교 내의 모든 구성원의 다양성에 대한 수용 및 개별적 요구에 '반응적인 교육'을 실행할 수 있는 학교교육 개선을 성취하기 위한 구체적인 실행 지침이 될 수 있다.

둘째, 통합교육 실행자의 역할 목록을 제공한다.

학교공동체 구성원 모두가 통합교육 실행에 참여하는 협력적인 학교 문화의 조성과 각 구성원들이 통합교육 실행에서 갖는 공유된 책임감 및 역할 인식, 전문가로서의 역할 수행을 위한 구체적인 역할을 목록화하기 위한 기초로 통합교육 질 지표가 사용될 수 있다. 즉 초등학교에서 통합교육을 실행하는 학교관리자, 통합학급 교사, 특수교사, 학부모, 지원인력의 역할 목록이 통합교육 질 지표를 사용하여 제시될 수 있다. 통합교육 실행의 5가지 주체의 역할 목록의 전체 요약은 〈부록 3〉에 제시된다.

셋째, 개별 초등학교 통합교육 실제에 대한 자체 진단 도구를 제공한다.

초등 통합교육 질 지표는 가장 기본적으로는 개별 초등학교의 현재 통합교육의 실제에 대한 자체 점검을 위한 일종의 진단평가 도구 역할을 할 수 있다. 통합교육 실행에서 어떠한 영역과 쟁점에서 적절히 수행하고 있으며, 더 나은 진보를 해야 하는 영역과 구체적 쟁점들은 무엇인지를 판별하는 도구가 될 수 있다. 실제 한 예로, 초등 통합교육 질 지표(박승희 외, 2012) 55개를 사용하여 서울 지역 105개 초등학교의 통합교육 실제를 진단평가한 연구(최혜리, 박승희, 2018)도 참조 가능하다.

넷째, 통합교육 실행의 우선순위 결정을 돕는다.

초등 통합교육 질 지표는 통합교육 실행 상황에 따라 다양한 형태와 방법으로 적용될 수 있을 것이다. 통합교육 경험이 미약하거나 경험이 없는 학교에서 통합교육을 실행하고자 할 때, 통합교육을 실행하기 위한 작업의 '우선순위' 결정을 위한 도구로 활용할 수 있다. 통합교육의 실행에 대한 강한 의지와 철학이 있다 하더라도 실질적인 실행 과정에서는 무엇을 먼저 해야 할 것인지 우선순위를 정해야 한다. 이 통합교육 질 지표들은 통합교육 실행과 관련한 인적, 행정적, 재정적 및 사회적 지원 요인들을 기초로 하여 실행 우선순위를 결정하기 위한 하나의 기준이 될 수 있다.

다섯째, 통합교육 실행자의 역할 수행을 점검하고 새로운 목표를 수립한다.

통합교육을 이미 실행하고 있는 학교의 경우, 통합교육 실행자의 현재 통합교육의 진행 상황을 점검하고 오류나 미흡한 점을 수정하거나, 진전을 위한 새로운 목표를 수립하기 위한 기준을 제시할 수 있어서 일종의 진단평가 도구 역할을 할 것이다. 하나의 진단평가 도구로서 초등 통합교육 질 지표 안에 포함된 각 실행자의 역할을 실행자 각자가 어떻게 수행하는지에 대한 점검과 그 결과에 따른 각 실행자의 성찰 및 개선 과정을 도울 수 있는 도구가 될 수 있다(〈부록 1〉 참조).

2. 초등 통합교육 내실화를 위한 질 지표의 적용

이 매뉴얼은 초등 통합교육의 실제를 발전시키기 위해서는 적어도 현재 실행되고 있는 통합교육 실제를 연구 기반으로 도출된 통합교육 질적 기준에 의해 진단평가할 필요성을 제기한다. 통합교육의 내실화를 위한 노력은 자료 기초적(data-based)으로 진행되어야 하며, 그 과정에 참조할 수 있는 '통합교육 질 지표'가 필요하다는 것을 전제로 두었다.

따라서 저자들은 통합교육의 질 지표를 기초로 해서 현재 일선 초등학교의 통합교육 전반을 우선 점검하고 그 결과에 따른 발전 과제를 판별하고, 현재 상황에서 통합교육 질 지표에 부합해서 적합한 방향으로 진전해 나갈 수 있도록 참조할 수 있는 지침서로 이 매뉴얼을 집필하였다. 이 매뉴얼에서 통합교육 실제를 진단평가하고 실행하는 기준으로 삼은 것은 박승희 외(2012) 연구에서 개발한 "초등 통합교육 질 지표"이다(〈표 1〉 참조).

초등 통합교육 질 지표는 박승희 외(2012) 연구에 상세히 제시되어 있으나 여기에 그 지표의 근거가 되는 개발 절차에 대해 간략히 설명하면 다음과 같다.

1) 초등 통합교육 질 지표의 개발 절차

1단계: 현장 특수교사 면접과 문헌 연구를 통한 예비 지표 구성

1단계에서는 초등 통합교육 질 지표 구성을 위한 '예비 지표'를 추출하기 위해 현장 특수교사 6명과 면담을 실시하였고 문헌 연구를 실시하였다. '면담에서는 성공적인 통합교육이란 무엇인가?', '통합교육 질 지표에 어떤 것들이 포함되어야 하는가?'라는 질문을 하였다. 통합교육과 관련된 국내외 문헌 연구를 통해서는 성공적인 혹은 적합한 통합교육 실행을 위해 제안되는 공통적인 요소들을 추출하였다.

2단계: 초등 통합교육 질 지표 구성을 위한 예비 지표 내용 타당화

2단계에서 초등 통합교육의 질 지표로 추출된 7가지 하위 영역과 65개 예비 지표에 대한 내용 타당도 검증을 위해: (1) 각 지표 내용이 한국 초등학교 통합교육의 질 지표 구성 요소로서 적합한가; (2) 각 지표의 내용이 분명하고 쉽게 이해되는가; (3) 각 지표가 하위 영역별 지표의 내용을 잘 대표하고 있는가에 대해 특수교사 5명, 통합학급 교사 5명, 대학 교수 3명의 총 13명의 의견을 구하였다. 3가지 질문에 대해 4점 라이커트(Likert)식 척도로 평정하였고 각 질문에 대한 의견들을 제시할 수 있도록 하였다. 라이커트식 척도 평정 결과는 위의 3가지 평정 영역에서 65개 모든 지표가 평균 3점(적절하다) 이상으로 모든 지표가 초등학교 통합교육의 질 지표로 적합하고, 각 지표의 내용 이해도가 좋고, 하위 영역별 지표를 대표하는 것으로 나타났다.

3단계: 초등 통합교육 질 지표 최종 55개 지표 구성

2단계에서 초등 통합교육의 질 지표 예비 지표 65개는 모두 타당한 것으로 조사되었으나 2단계에서 총 13명 전문가에 의해 제시된 의견들을 반영하고 65개 지표 수가 활용성 측면에서 좀 많다는 판단에 의거하여, 부분적으로 중복되는 지표를 삭제하고 종합 정리하여 총 55개 지표를 최종 선정하였다(〈표 1〉 참조).

4단계: 초등 통합교육 질 지표 타당화

초등 통합교육 질 지표의 타당화를 위한 질문지 본 조사에는 전국에서 초등학교 통합교육 실행과 관련하여 목적표집된 216명, 5종류의 전문가들: (1) 특수교사, (2) 통합학급 교사, (3) 학교관리자(교장, 교감), (4) 장학사, (5) 대학 교수 집단이 참여하였다.

각 전문가 집단의 선정 기준은 다음과 같다: 첫째, 특수교사, 통합학급 교사, 학교관리자 선정 기준은 제주도를 제외한 전국 시도 교육청 특수교육 담당 장학사가 통합교육을 충실히 실행하고 있는 학교로 추천한 126개교 초등 통합학교에 재직하고 있는 학교관리자와 교사들을 대상으로 하였다; 둘째, 장학사의 경우는 각 시도 교육청에서 특수교육 업무를(조사 당시) 담당하는 장학사를 대상으로 하였다; 셋째, 대학 교수 선정은 한국연구재단 등재후보지 이상 특수교육 관련 학술지에 통합교육과 관련하여 2편 이상의 논문을 게재하였거나, 통합교육과 관련된 책을 1권 이상 출판한 실적을 가진 특수교육과 교수라는 기준이 사용되었다.

본 조사를 위해 총 419부 질문지가 전문가 집단별로 우편으로 배송되었다. 집단별로는 특수교사 126명, 통합학급 교사 109명, 학교관리자 107명, 장학사 57명, 대학 교수 20명에게 질문지가 배부되었다. 그중 회수된 설문지는 252부였고, 회수율은 총 60.1%이나 누락 정보가 있는 설문지를 빼고 216부가 분석 대상이 되었다.

전국에서 통합교육 관련 다양한 전문가들의 의견을 최대한 반영하기 위해 5종류 전문가 집단 총 216명의 초등 통합교육 질 지표에 대한 타당도가 분석되었다. 그 결과 초등 통합교육의 질적 지표 55개 타당도의 평균과 표준편차가 〈표 1〉에 제시된다. 55개 모든 지표의 평균 차이가 크지 않으며 골고루 모두 3.00점 ('타당하다') 이상으로 나타나서 통합교육의 질 지표 55개가 타당한 것으로 나타났다. 〈표 1〉의 내용을 살펴보면 각 지표의 타당도 순위가 하위 영역별 및 55개 지표 전체로 2가지 제시된다. 7가지 하위 영역별 타당도 평균을 보았을 때에도 'I. 학교관리자 관련 영역'의 타당도 평균 3.34에서 'II. 특수교사 관련 영역'의 타당도 평균 3.55까지 큰 차이가 없었다. 55개 통합교육 질 지표의 총 평균 타당도는 3.41로(3점: 타당하다; 4점: 매우 타당하다) 모두 질 지표로서 타당한 것으로 나타났다(박승희 외, 2012, pp. 99-103).

<표 1> 초등 통합교육 질 지표: 7가지 하위영역 55개 지표의 타당도

지표 번호	I. 학교관리자 (교장, 교감) 관련 영역 (9개 지표)	M (SD)	하위 영역별 순위	55개 지표 중 전체 순위
5	**교사에 대한 정서적 지원** 학교관리자는 통합교육을 담당 하는 통합학급 교사와 특수교사가 성공적인 통합교육을 실행하도록 정서적으로 격려한다.	3.44 (.60)	1	21
2	**학교관리자의 재정적 지원** 학교관리자는 학교 운영 예산 편성 시, 특수학급 운영 예산 및 통합교육 실행을 지원하기 위한 예산(간담회, 장애 이해교육활동 등)을 편성하여 운영, 집행한다.	3.43 (.66)	2	24

지표 번호	I. 학교관리자 (교장, 교감) 관련 영역 (9개 지표)	M (SD)	하위 영역별 순위	55개 지표 중 전체 순위
6	**교사 전문성 계발 지원** 학교관리자는 통합학급 교사 및 특수교사의 전문성을 인정하고, 연수, 워크숍 같은 교사들의 전문성 계발 기회를 제공한다.	3.42 (.61)	3	28
7	**학교관리자의 갈등중재** 학교관리자는 통합교육 실행 및 평가 과정 중 일어나는 갈등적 요소를 확인하고 그 해결을 돕는다.	3.38 (.62)	4	33
1	**학교관리자의 행정적 지원** 학교관리자는 교사들이 통합교육 프로그램을 계획하고 실행하는 데 필요한 행정적 지원(시간표, 학생 수, 교사들의 업무량 조정 및 인적 지원 등)을 제공한다.	3.36 (.68)	5	33
3	**협력적 공동체 형성을 위한 지원** 학교관리자는 교사, 학부모, 학생, 지역사회 인사 등을 대상으로 장애 수용 및 다양성 존중, 학교공동체 및 구성원 간 협력의 중요성에 대한 이해교육을 실시한다.	3.34 (.62)	6	40
9	**추가인력 지원** 학교관리자는 통합교육의 적합한 실행을 위해 추가의 지원인력(자원봉사자, 교육실습생 등)의 학교 참여와 지원을 수용하고, 활용한다.	3.25 (.64)	7	49
4	**통합교육을 지지하는 학교운영** 학교관리자는 학교운영계획서를 수립, 작성, 운영, 평가 할 때 통합교육을 지지하는 정책과 제도, 관련 내용(통합교육 기본 철학, 통합학급 교사와 특수교사의 책임 공유, 개별 학생의 요구에 적합한 교육과정 계획 등)을 포함한다.	3.24 (.66)	8	50
8	**개별적 지원 요구 학생에 대한 관리와 지원** 학교관리자는 개별적 지원이 요구되는 학생들의 정보를 가지고 그 학생들의 학교생활 전반을 정기적으로 살펴서 필요한 지원을 제공한다('개별적 지원 요구 학생'이란, 특수교육대상 학생으로 판별되지 않았지만 학업적, 사회문화적, 정서적, 행동적, 경제적, 건강상의 어려움이 있는 학생을 의미).	3.16 (.67)	9	55

지표 번호	I. 학교관리자 (교장, 교감) 관련 영역 (9개 지표)	M (SD)	하위 영역별 순위	55개 지표 중 전체 순위
	I. 학교관리자 관련 영역 지표 타당도 평균	3.34		

지표 번호	II. 특수교사 관련 영역 (11개 지표)	M (SD)	하위 영역별 순위	55개 지표 중 전체 순위
12	**개별화교육 실행** 특수교사는 특수교육대상 학생 개개인의 교육적 요구에 맞는 교육을 실시한다.	3.69 (.48)	1	1
11	**개별화교육계획(IEP) 수립** 특수교사는 특수교육대상 학생 개개인에게 적합한 개별화교육계획을 수립한다.	3.68 (.51)	2	2
16	**특수교사의 전문성 신장** 특수교사는 통합교육 전문성 신장을 위해 자기계발에 노력한다	3.62 (.51)	3	3
10	**개별화된 교육진단** 특수교사는 특수교육대상 학생 개개인에게 적합한 교육진단(다양한 정보수집, 적합한 검사 실시 및 해석)을 실시한다.	3.61 (.51)	4	4
13	**학생의 진보에 대한 평가** 특수교사는 학생의 목표 도달 정도를 파악할 수 있는 적합한 평가를 실시한다.	3.55 (.56)	5	8
19	**교사 간 관계형성 노력** 특수교사는 학교 내 다양한 교사모임에 적극 참여하여 교사 간 친밀한 유대 관계를 형성하고 유지한다.	3.53 (.59)	6	10
15	**특수교사의 긍정적 행동지원** 특수교사는 통합학급 내 필요한 긍정적 행동지원 전략에 대해 통합학급 교사와 상의하고 행동지원 정보를 제공한다.	3.52 (.54)	7	11

지표 번호	II. 특수교사 관련 영역 (11개 지표)	M (SD)	하위 영역별 순위	55개 지표 중 전체 순위
17	**다양성 수용의 학교문화를 위한 프로그램 실시** 특수교사는 학교전체의 다양성을 수용하는 분위기를 만들기 위해 구체적인 프로그램을 구성하고 제공하는데 선도력을 보인다.	3.48 (.64)	8	15
20	**통합교육 실행에서의 갈등중재** 특수교사는 통합교육 실행 및 평가 중 갈등적 요소를 확인하고 그 해결을 돕는다.	3.46 (.56)	9	19
18	**의미 있는 수업참여를 위한 교수적 수정 지원** 특수교사는 통합학급 수업이 특수교육대상 학생에게 의미 있는 수업이 될 수 있도록 교수적 수정을 지원한다.	3.28 (.64)	10	45
14	**개별적 지원 요구 학생에 대한 지원 노력** 특수교사는 특수학급에 입급 되지 않았지만 개별적 지원이 요구되는 학생을 판별하고 지원하기 위해 노력한다.	3.23 (.68)	11	51
	II. 특수교사 관련 영역 지표 타당도 평균	3.55		

지표 번호	III. 통합학급 교사 관련 영역 (14개 지표)	M (SD)	하위 영역별 순위	55개 지표 중 전체 순위
24	**모든 학생에게 적합한 평가** 통합학급 교사는 학급 내 모든 학생에게 적절한 평가 계획을 수립하고 다양한 평가 방법을 사용한다.	3.59 (.53)	1	5
31	**통합학급 교사의 전문성 신장** 통합학급 교사는 자기계발을 통해 일반교육 및 통합교육 전문성을 신장한다.	3.58 (.53)	2	6
32	**학생 간 상호지원관계 형성 지원** 통합학급 교사는 특수교육대상 학생에 대한 긍정적인 태도와 학생간의 상호지원관계 형성을 위해 돕는다.	3.56 (.53)	3	7

지표 번호	III. 통합학급 교사 관련 영역 (14개 지표)	M (SD)	하위 영역별 순위	55개 지표 중 전체 순위
30	**교수적 수정의 협력 및 적용** 통합학급 교사는 특수교육대상 학생에게 필요한 다양한 교수적 수정 방법을 개발하는데 특수교사와 협력하고 적용한다.	3.54 (.54)	4	9
33	**민주적 학급 운영** 통합학급 교사는 모든 학생이 책임감과 공동체 의식을 가질 수 있도록 민주적인 학급 운영을 한다.	3.50 (.59)	5	13
21	**모든 학생의 학급활동 참여 촉진** 통합학급 교사는 특수교육대상 학생을 포함한 모든 학생이 학급 활동에 함께 참여할 수 있도록 다양한 방법으로 지도한다.	3.49 (.56)	6	14
22	**모든 학생에게 적합한 교육계획 수립** 통합학급 교사는 학급 내 모든 학생에게 적합한 교육 계획 및 수업계획을 수립한다.	3.47 (.51)	7	16
25	**특수교육대상 학생에 대한 긍정적 태도 형성** 통합학급 교사는 장애 인식 개선 활동을 통해 모든 학생들이 특수교육대상 학생에 대한 긍정적인 태도를 갖도록 한다.	3.39 (.57)	8	30
27	**개별화교육계획 수립 및 실행에 참여** 통합학급 교사는 특수교육대상 학생의 IEP(개별화교육계획) 개발과정에 참여하고, 이를 반영한 교수학습활동을 진행한다.	3.39 (.53)	8	30
26	**개별적 지원 요구 학생에 대한 지원** 통합학급 교사는 특수교육대상 학생 외에도 학급 내에서 개별적인 지원이 요구되는 학생들에게 학업적, 사회적, 정서적 지원을 제공한다.	3.37 (.58)	10	35
29	**적합한 상호작용 및 의사소통 양식 사용** 통합학급 교사는 학급 내에서 특수교육대상 학생에게 적합한 상호작용 및 의사소통 양식을 사용한다.	3.37 (.59)	10	35

지표 번호	III. 통합학급 교사 관련 영역 (14개 지표)	M (SD)	하위 영역별 순위	55개 지표 중 전체 순위
28	**통합학급 교사의 긍정적 행동지원** 통합학급 교사는 특수교육대상 학생의 문제행동에 대해 긍정적인 행동지원을 사용한다.	3.34 (.59)	12	40
23	**학급규칙 수립 및 운영** 통합학급 교사는 학급을 운영하는 학급 규칙(학급 내 생활 규칙, 문제 행동 관리)을 수립하고 실천한다.	3.23 (.65)	13	51
34	**다양한 자원 활용을 위한 연계** 통합학급 교사는 학교 내외의 다양한 자원을 활용하기 위해 통합교육 관련 교내외 인사와 협력하고 연계한다.	3.20 (.66)	14	53
	III. 통합학급 교사 관련 영역 지표 타당도 평균	3.42		

지표 번호	IV. 학부모 관련 영역 (6개 지표)	M (SD)	하위 영역별 순위	55개 지표 중 전체 순위
37	**특수교육대상 학생 학부모의 자녀의 학교생활에 대한 정보공유** 특수교육대상 학생 학부모는 자녀의 전반적 학교생활에 대한 계획과 실행내용 및 평가 결과 정보를 제공받는다.	3.44 (.62)	1	21
40	**일반학생 학부모의 학생 간 사회적 관계 형성 지원** 일반학생의 학부모는 자녀가 특수교육대상 학생과 사회적 관계를 형성하도록 돕는다.	3.41 (.66)	2	29
36	**특수교육대상 학생 학부모의 개별화교육계획 참여** 특수교육대상 학생 학부모는 자녀의 IEP(개별화교육계획) 작성 시 의견반영 및 동의 제공을 위한 기회를 갖고 적극적으로 참여한다.	3.39 (.54)	3	30
35	**특수교육대상 학생 학부모의 자녀에 대한 정보제공** 특수교육대상 학생 학부모는 통합학급 교사, 특수교사에게 면담, 문서, 전화 등의 방법으로 장애 자녀에 대한 정보를 제공한다.	3.35 (.64)	4	38

지표 번호	IV. 학부모 관련 영역 (6개 지표)	M (SD)	하위 영역별 순위	55개 지표 중 전체 순위
39	**학부모간 협력 및 학교 행사 참여** 특수교육대상 학생 학부모는 학교공동체 내 한 구성원으로서 교사 및 다른 학부모와 협력하여 학교, 학급 행사에 참여하고 지원한다.	3.30 (.60)	5	43
38	**특수교육대상 학생 학부모의 자녀의 학교생활 적응 지원** 특수교육대상 학생 학부모는 알림장 확인, 준비물 준비, 자녀의 또래 친구 초대 등의 방법으로 자녀의 학교생활 적응을 지원한다.	3.27 (.64)	6	46
	IV. 학부모 관련 영역 지표 타당도 평균	3.38		

지표 번호	V. 학생 관련 영역 (3개 지표)	M (SD)	하위 영역별 순위	55개 지표 중 전체 순위
42	**학생 간 친구관계 수립** 일반학생과 특수교육대상 학생은 서로 지원하는 친구로 지낸다.	3.47 (.57)	1	16
43	**학교생활 적응과 만족한 학교생활을 위해 학생 간 지원** 모든 학생은 학교 생활적응과 만족한 학교생활을 위해 서로 서로 지원한다.	3.47 (.53)	1	16
41	**학습활동을 위해 학생 간 지원** 모든 학생(일반학생과 특수교육대상 학생 포함)은 서로의 학습활동을 지원한다.	3.43 (.62)	2	24
	V. 학생 관련 영역 지표 타당도 평균	3.44		

지표 번호	VI 지원인력 관련 영역 (6개 지표)	M (SD)	하위 영역별 순위	55개 지표 중 전체 순위
44	**보조원의 학생 및 자신 역할에 대한 정보 공유** 특수교육 보조원은 통합학급 교사와 특수교사를 통해 특수교육대상 학생의 현행 수준과 교육 목표, 보조원의 역할에 대한 정확한 정보를 제공받는다.	3.46 (.56)	1	19

지표 번호	VI 지원인력 관련 영역 (6개 지표)	M (SD)	하위 영역별 순위	55개 지표 중 전체 순위
48	**행정직원의 통합교육 지원** 행정실 직원은 학교 및 학급 운영에서 특수교육대상 학생의 통합교육을 위한 행정적 지원을 제공한다.	3.44 (.69)	2	21
45	**학생에 대한 보조원의 지원제공** 특수교육 보조원은 교내외 각 환경에서 특수교육대상 학생의 특성과 교육 목표를 고려하여 계획된 지원의 방법과 정도에 따른 지원을 제공한다.	3.43 (.62)	3	24
49	**학교운영위원회의 지원** 학교운영위원회는 특수교육대상 학생, 학부모, 통합학급 교사, 특수교사에게 통합교육을 지원하기 위한 예산 배정에 관해 의견을 개진할 기회를 제공한다.	3.43 (.65)	3	24
47	**보건교사의 지원** 보건교사는 특수교육대상 학생에 대한 건강관리를 계획하고 실행한다.	3.35 (.61)	5	38
46	**교사에게 보조원의 업무 보고 및 피드백 공유** 특수교육 보조원은 업무내용을 교사들에게 보고하고 피드백을 받는다.	3.30 (.64)	6	43
	VI. 지원인력 관련 영역 지표 타당도 평균	3.41		

지표 번호	VII. 학교 환경 및 자원 관련 영역 (6개 지표)	M (SD)	하위 영역별 순위	55개 지표 중 전체 순위
50	**물리적 접근의 용이성** 학교에는 경사로, 엘리베이터 등의 편의시설이 설치되어 있어 특수교육대상 학생은 교내 시설 및 건물에 접근하기 용이하다.	3.51 (.55)	1	12
53	**교사와 학부모 간 정기적 협의** 특수교사, 통합학급 교사 및 학부모는 정기적인 협의시간을 통해 정보를 공유한다.	3.36 (.59)	2	37

지표 번호	VII. 학교 환경 및 자원 관련 영역 (6개 지표)	M (SD)	하위 영역별 순위	55개 지표 중 전체 순위
52	**학교의 지원적 풍토와 문화** 학교는 지원적 풍토 및 문화와 지원적 학급 분위기를 가지고 있다.	3.32 (.65)	3	42
54	**교사들의 협력과 공동 책임** 통합학급 교사, 특수학급 교사 및 교과담당 교사는 협력을 통해 특수교육대상 학생의 학업에 대해 공동의 책임을 갖는다.	3.27 (.60)	4	46
51	**적합한 보장구나 교재교구의 배치** 특수교육대상 학생의 학업을 위한 보장구, 보조기기, 교재교구가 갖추어져 있다.	3.26 (.66)	5	48
55	**생활지도를 위한 관련인 간 협력** 학교 내 모든 교사, 보조원, 직원, 학생, 및 학부모는 특수교육대상 학생의 생활지도(예: 등하교지도, 안전관리, 기본생활습관 형성, 학교 폭력 방지 등)를 위해 일관된 방법으로 협력한다.	3.20 (.66)	6	53
	VII.. 학교 환경 및 자원 관련 영역 지표 타당도 평균	3.39		
	55개 지표 타당도 총 평균	3.41		

o 1: 매우 타당하지 않음, 2: 타당하지 않음, 3: 타당함, 4: 매우 타당함

*출처: 박승희 외(2012). pp.99-103.

2) 초등 통합교육 질 지표의 적용

이 매뉴얼은 초등 통합교육의 현재 실제를 발전시키기 위해서는 통합교육 실제를 점검해볼 필요가 있다고 제안하는 동시에 그 결과에 따라 강점과 약점을 파악하고 개별 학교의 발전 계획을 수립할 수 있다고 권고한다. 또한 초등학교 현장에서 실제로 통합교육을 실행하는 참여자들 각각의 역할 목록을 제시하고 그 역할 수행을 지원하는 지침을 제시하고자 한다. 이러한 과정에 초등 통합교육 질 지표(박승희 외, 2012)를 활용하고자 한다. '초등 통합교육 질 지표'는 7가지 영역의 55개 지표로 구성되어 〈표 2〉에 그 각각 지표의 핵심 내용이 요약 제시되어 있다. 이 책의 2부에서는 초등 통합교육 질 지표의 실제 적용으로 55개 질 지표로부터 통합교육 실행자 해당 46개 질 지표를 재구성하여 각 실행자의 역할 목록과 지침이 개발되어 제시된다.

<표 2> 초등 통합교육 질 지표 55개의 핵심 내용

7가지 하위 영역(지표 수)	핵심 주요 내용
I. 학교관리자 관련 (9)	지표 1: 학교관리자의 행정적 지원 지표 2: 학교관리자의 재정적 지원 지표 3: 협력적 공동체 형성을 위한 지원 지표 4: 통합교육을 지지하는 학교 운영 지표 5: 교사에 대한 정서적 지원 지표 6: 교사의 전문성 계발 지원 지표 7: 학교관리자의 갈등중재 지표 8: 개별적 지원 요구 학생에 대한 관리와 지원 지표 9: 추가 인력 지원
II. 특수교사 관련 (11)	지표 10: 개별화된 평가 지표 11: 개별화교육계획(IEP) 수립

7가지 하위 영역(지표 수)	핵심 주요 내용
Ⅱ. 특수교사 관련 (11)	지표 12: 개별화교육 실행 지표 13: 학생의 진보에 대한 평가 지표 14: 개별적 지원 요구 학생에 대한 지원 노력 지표 15: 특수교사의 긍정적 행동지원 지표 16: 특수교사의 전문성 신장 지표 17: 다양성 수용의 학교 문화를 위한 프로그램 실시 지표 18: 의미 있는 수업 참여를 위한 교수적 수정 지원 지표 19: 교사 간 관계 형성 노력 지표 20: 통합교육 실행에서 갈등중재
Ⅲ. 통합학급 교사 관련 (14)	지표 21: 모든 학생의 학급활동 참여 촉진 지표 22: 모든 학생에게 적합한 교육계획 수립 지표 23: 학급규칙 수립 및 운영 지표 24: 모든 학생에게 적합한 평가 지표 25: 특수교육대상 학생에 대한 긍정적 태도 형성 지표 26: 개별적 지원 요구 학생에 대한 지원 지표 27: 개별화교육계획 수립 및 실행에 참여 지표 28: 통합학급 교사의 긍정적 행동지원 지표 29: 적합한 상호작용 및 의사소통 양식 사용 지표 30: 교수적 수정의 협력 및 적용 지표 31: 통합학급 교사의 전문성 신장 지표 32: 학생 간 상호지원관계 형성 지원 지표 33: 민주적 학급 운영 지표 34: 다양한 자원 활용을 위한 연계
Ⅳ. 학부모 관련 (6)	지표 35: 특수교육대상 학생 학부모의 자녀에 대한 정보 제공 지표 36: 특수교육대상 학생 학부모의 개별화교육계획 참여 지표 37: 특수교육대상 학생 학부모의 자녀 학교생활에 대한 정보 공유 지표 38: 특수교육대상 학생 학부모의 자녀의 학교생활 적응 지원 지표 39: 학부모 간 협력 및 학교 행사 참여 지표 40: 일반학생 학부모의 학생 간 사회적 관계 형성 지원
Ⅴ. 학생 관련 (3)	지표 41: 학습활동을 위해 학생 간 지원 지표 42: 학생 간 친구 관계 수립 지표 43: 학교생활 적응과 만족한 학교생활을 위해 학생 간 지원

7가지 하위 영역(지표 수)	핵심 주요 내용
Ⅵ. 지원인력 관련 (6)	지표 44: 보조원의 학생 및 자신 역할에 대한 정보 공유 지표 45: 학생에 대한 보조원의 지원 제공 지표 46: 교사에게 보조원의 업무 보고 및 피드백 공유 지표 47: 보건교사의 지원 지표 48: 행정직원의 통합교육 지원 지표 49: 학교운영위원회의 통합교육 지원
Ⅶ. 학교 환경 및 자원 관련 (6)	지표 50: 물리적 접근의 용이성 지표 51: 적합한 보장구와 교재교구의 배치 지표 52: 학교의 지원적 풍토와 문화 지표 53: 교사와 학부모 간 정기적 협의 지표 54: 교사들의 협력과 공동 책임 지표 55: 생활지도를 위한 관련인 간 협력

*출처: 박승희 외(2012). pp. 94-95.

2장

개별 초등학교 통합교육 실제에 대한 자체 점검

1. 초등 통합교육 질 지표를 활용한 자체 점검

개별 초등학교에서 이루어지는 통합교육의 질 제고를 위해 우선은 각 학교 통합교육의 전반적인 실제를 점검해볼 필요가 있다. 이제까지 여러 문헌들을 통해 국내 초등학교에서 통합교육을 어떻게 실행할 수 있는지, 어떻게 하는 것이 과연 적합한 통합교육이라고 할 수 있는지에 대해 많은 연구 결과들과 제안들이 축적되어왔다. 각 국가마다 사회와 학교 여건상 조금씩 차이는 있지만 통합교육의 실제는 대략적으로 물리적 통합, 사회적 통합, 나아가 교육과정 통합을 향하여 진전해가는 것은 유사한 양상이다.

이러한 통합교육의 양적 및 질적 발전을 위해 학교관리자를 비롯해 특수교사와 통합학급 일반교사, 학부모 및 지원인력 등은 기존의 역량을 어떻게 더 잘 적용하여야 하며, 어떠한 새로운 역량을 습득하여야 하고 새로운 역할 수행을 해야 하는지 통합교육 실행자들에 대한 권고 사항들이 연구되어오고 연수 교육이 제공되어왔다.

〈표 1〉과 〈표 2〉가 제시하는 통합교육 질 지표를 활용하여 개별 초등학교의 통합교육의 질 제고를 위해 7가지 하위 영역인: (1) 학교관리자, (2) 특수교사, (3) 통합학급 교사, (4) 학부모, (5) 학생, (6) 지원인력, (7) 학교 환경 및 자원 영역들에서 현재 통합교육 실태의 양상과 수준을 파악하고, 어떠한 수정이나 진전이 요구되는가에 대한 자가 진단평가를 내린 후에 발전 방향성을 수립하고 구체적인 개선을 위해 우선 과제를 설정할 수 있다.

초등 통합교육 질 지표를 적용하여 개별 초등학교의 통합교육 실제를 자가 점검할 때는:

첫째, 학교관리자 1인이나 특수교사 1인이 개별적으로 해당 학교의 통합교육 실제를 진단평가하는 것을 지양하며 '복수' 실행자가 진단평가하는 것을 권한다. 각 학교의 학교관리자, 특수교사, 통합학급 교사, 학부모 및 지원인력을 포함한 5인 이상 통합교육 주체자들이 가칭 '통합교육 협의회'를 구성해서 동시에 각자가 자가 진단평가를 한 후 그 결과를 종합하고, 각자 평가한 점수들은 평균을 내어 점수화할 수 있고, 협의회를 통해 종합된 결과를 공유하여 각 학교의 통합교육 실행에 대한 자가 진단평가를 할 수 있다.

둘째, 〈표 1〉이 제시하는 7가지 하위 영역별 지표와 55개 개별 지표가 개별 학교 통합교육 실제에서 실행되는 양상과 정도를 자체 점검할 수 있도록 라이커트 척도(예: 1점-전혀 그렇지 않다; 4점-보통이다; 7점-매우 그렇다)를 적용하여 사용될 수 있다. 통합교육 질 지표의 7가지 '하위영역별 점수'와 55개 지표에 대한 '종합 점수'를 산출할 수 있으며, 높은 점수는 통합교육 실행이 질적으로 잘 되고 있음을 나타낸다. 이러한 개별 초등학교의 통합교육 실제 평가의 한 예로 서울 지역 105개 초등학교 통합교육을 특수교사 210명, 통합학급 교사 210명, 총 420명이 무기명으로 점검한 연구결과가 최근 출판되었다(최혜리, 박승희, 2018 참조).

셋째, 7점 라이커트 척도의 경우, '4점'(보통) 미만으로 평가된 하위 영역별 및 개별 지표에 대해 잘 실행되지 못한 상황과 이유에 대해 세부 분석과 개선 방안 수립이 필요하다. 즉 초등 통합교육 질 지표의 하위 영역별 및 개별 지표에 대해 각 학교의 통합교육 실행을 '자체적'으로 정기적으로 검토하여 장점과 취약점을 판별하고 그 결과에 기초하여 단기, 중기 및 장기 발전 계획을 수립하는 데 사용할 수 있다. '4점'(보통이다)과 '5점'(약간 그렇다)으로 평가된 하위 영역별 및 개별 지표에 대해서도 더욱 진전시킬 계획을 수립하고, '6점'(그렇다)과 '7점'(매우 그렇다)으로 평가된 지표들에 대해서도 지속적으로 가장 잘 유지해나갈 방안을 강구하여야 한다.

넷째, 초등학교 통합교육 실행자 '개인들'의 역할 수행에 대한 '자가 진단평가'를 가능케 한다. 이 매뉴얼에서 점검하는 초등학교 통합교육 실행자 주체로는 초등 통합교육 질 지표의 7가지 하위 영역에 속해 있는 5가지 인사로: (1) 학교관리자, (2) 특수교사, (3) 통합학급 교사, (4) 학부모, (5) 지원인력이 포함된다. 이 5가지 다른 통합교육 실행자 각 주체의 역할 목록은 이 책의 2부에 제시된다. 〈부록 1〉은 초등 통합교육 질 지표 55개로부터 추출된 실행자 관련 통합교육 질 지표 46개에 대해 7점 라이커트 척도(1점-'전혀 그렇지 않다'부터 4점-'보통'에서 7점-'매우 그렇다'까지)를 제공하여 각 지표의 실행 양상과 정도를 자체 점검할 수 있는 한 도구로 사용될 수 있다. 〈부록 1〉은 통합교육 실행자의 역할 수행 점검표로서 이것을 사용하여 5가지 실행자들이 현재 통합교육 실행 실태를 본인 스스로 자가 진단평가할 수 있다. 또한 본인 스스로 자신의 역할 수행을 평가한 결과와 다른 실행자(들)가 본인을 진단평가한 결과 두 가지 혹은 그 이상을 수합하여 그 진단평가 결과에 대해 공통점과 상이점을 종합적으로 파악하는 것이 유효한 정보를 제공할 수 있다.

2. 개별 초등학교에서 통합교육 질 지표의 활용

현재 통합교육을 실시하는 초등학교에서는 〈표 1〉 및 〈표 2〉가 제시하는 통합교육 질 지표 55개는 7개 영역을 포함하는 것으로 한 학교의 통합교육 실제 '전반' 수준을 파악할 수 있다. 개별 초등학교 통합교육 실행을 실행자 중심으로 자체 진단평가 결과표를 작성한 후 자체적으로 각 학교의 통합교육 실행 실태를 점검해볼 수 있다. 이 책 뒷부분에 수록된 〈부록 1〉은 통합교육 실행자에 해당되는 46개 통합교육 질 지표를 근거로 각자의 실행을 점검하는 양식으로, 각 학교 현장에서 사용 가능하다. 〈부록 2〉는 5가지 통합교육 실행자의 역할 수행 점검 결과를 종합적으로 제시하는 요약표이며 점검 결과를 그래프로도 제공할 수 있다. 이 매뉴얼에서 사용하는 초등 통합교육 질 지표 46개를 활용하여 각 학교 통합교육 실행자들의 역할 수행을 중심으로 현재 상황을 우선 진단해보고, 통합교육의 최선의 실제(best practices)를 실현해가기 위한 발전 계획을 수립할 수 있다.

각 초등학교에서 통합교육 질 지표를 활용할 수 있는 방안은 다음의 7가지로 요약해서 제시할 수 있다(박승희 외, 2012, pp.106-108).

첫째, 각 통합교육 실행자들의 역할 인식 명료화

초등 통합교육 질 지표는 통합교육 실행의 5가지 주체인 학교관리자, 특수교사, 통합학급 교사, 학부모 및 지원인력 실행자들의 질 높은 통합교육을 위한 역할 목록(이 매뉴얼의 2부 내용)을 다시 한번 명료하게 알려주는 데 사용될 수 있다. 통합교육 실행의 5가지 주체의 역할 목록과 지침은 5개 장을 할애하여 이 매뉴얼의 4장부터 8장까지의 내용으로 제공된다.

둘째, 통합교육 실행자들의 통합교육 실행 양상 및 수준 판별

5가지 통합교육 실행자들의 통합교육 실행 역량을 나타내는 하위 영역의 각 지표에 근거한 구체적 역할 목록을 개발하기 위해 통합교육 질 지표 55개에서 5가지 실행자와 관련된 46개 질 지표를 다시 정리하였다(1부 〈표 3〉 참조). 이 46개 통합교육 질 지표에 대해 각 실행자들의 개인 수준의 현재 실행 양상 및 수준을 파악할 수 있는 요약 결과표를 제공한다(〈부록 2〉 참조).

셋째, 각 학교의 통합교육 발전 방안 수립을 위한 기초 자료 제공

개별 초등학교의 통합교육 실행을 자가 진단평가한 기초 자료를 가지고, 학교 차원의 협의회를 통하여 발전 방안을 수립할 수 있다. '개별 학교별' 전반적 점검 및 개선을 위한 우선 과제 판별이 가능하다. 취약한 결과가 나온 하위 영역이나 개별 지표들을 중심으로 특수교사 1인 '혼자의 발전 계획이 아닌' 학교관리자, 특수교사, 통합학급 교사, 학부모 및 지원인력 모두가 함께 참여하는 통합교육 협의회를 통한 단기 및 중장기 발전 계획을 세울 수 있다.

넷째, 각 학교의 통합교육 실행 매뉴얼 혹은 지침 작성을 위한 참고 자료

개별 초등학교의 통합교육 실행에 대한 자체 진단평가 결과는 각 학교의 통합교육의 질적 제고를 위한 지속적인 노력을 가동화시키고 이끌어가는 견인차 역할을 할 '개별 학교별' 통합교육 실행 매뉴얼 혹은 지침서를 작성하는 데 하나의 기준과 지침이 될 수 있다.

다섯째, 통합교육의 '최선의 실제' 실행을 위한 학교별 지원 요구 판별

개별 초등학교에서 통합교육의 '최선의 실제'를 향하여 발전해가는 데는 학교 수준이나 통합교육 실행자 개인 수준의 노력과 자원 가동화에 더불어 지역 교육청의 행정적 및 재정적 지원, 혹은 외부 전문가의 통합교육 관련 전문적 지원이 요구되는 것들이 있다. 이러한 맥락에서 개별 초등학교의 통합교육 실제를 통합교육 질 지표에 의거하여 자체 진단평가한 자료는 학교별 '지원 요구'를 판별하여 교내외의 자원을 일회성이 아닌 정기적 혹은 상시적으로 제공하도록 하는 통합교육 지원 '시스템'을 구축하는 데 중요한 기초 자료를 제공한다.

여섯째, 각 학교의 전반적인 통합교육 실행의 양상 및 수준 평가

이 책에선 개별 초등학교의 통합교육 실행을 〈부록 1〉이 제시하는 46개 실행자 질 지표를 사용하여 자가 진단평가하는 방안을 제시한다. 그 결과는 종합 점수와 하위 영역별 점수를 제공하는데, 이는 학교의 전반적인 통합교육 실행의 양상과 구체적인 수준을 양적으로 나타내준다. 이 매뉴얼에서 〈부록 1〉을 사용해 통합교육 질 지표 46개에 근거한 통합교육 실행자 5가지 주체를 중심으로 개별 초등학교 통합교육 실제를 점검하는 방안을 제시했다. 그런데 〈표 1〉이 제시하는 7가지 영역의 55개 지표 모두를 사용해 7점 라이커트 척도로 점검할 수도 있다. 이러한 예가 최혜리, 박승희(2018)

연구에 해당된다. 덧붙여, 각 학교의 통합교육 실제에 대해서 각 지표에 의거한 정량적 평가와 더불어 '정성적' 점검 또한 가능하다.

일곱째, 통합교육의 최선의 실제를 위한 실행자들의 연수 교육 요구 판별

실행자 중심의 46개 초등 통합교육 질 지표에 의거하여 자가 진단평가한 결과에는 학교관리자, 특수교사, 통합학급 교사, 학부모 및 지원인력이라는 5가지 다른 실행자들의 통합교육 실행의 점검 점수가 포함되어 있다. 이 5가지 하위 영역에 속해 있는 46개 각 지표들은 현 시점에서 통합교육의 최선의 실제를 실행할 각 실행자들의 통합교육 실행 기준을 나타낸다고 볼 수 있다(〈표 3〉 참조). 이러한 맥락에서 46개 실행자의 질 지표에 근거한 역할 수행에 대해 자가 진단평가한 결과(〈부록 1〉, 〈부록 2〉 참조), 취약한 점수로 나타난 지표들은 이 실행자들의 통합교육 실행 역량 증진을 위한 연수 교육 요구로 판별될 수 있다.

3장

초등 통합교육 실행자의 질 지표에 기반한 역할 수행 점검

1. 통합교육 실행의 5가지 주체와 46개 질 지표

이 매뉴얼에서는 초등 통합교육 질 지표(박승희 외, 2012)의 7가지 영역 55개 지표를 기초로 실제로 통합교육을 실행하는 5가지 주체 '실행자': (1) 학교관리자, (2) 특수교사, (3) 통합학급 교사, (4) 학부모, (5) 지원인력을 중심으로 46개 질 지표를 추출하였다. 이 5가지 구성원 집단 혹은 개인의 역할 인식을 명료화하고 각 집단이나 개인의 통합교육 실행의 양상과 수준을 판별해보는 기회를 가질 것을 권고한다.

이에 초등 통합교육 질 지표에 대한 원래 연구(박승희 외, 2012)의 7가지 영역 총 55개 질 지표(〈표 1〉참조)로부터 '학생 관련 영역'(3개 지표)과 '학교 환경 및 자원 관련 영역'(6개 지표)의 일부 항목을 빼고, 5가지 실행자의 질 지표는 기존 질 지표가 삭제되거나, 한 가지 질 지표(학교 폭력 관련)가 새롭게 추가되거나, 기존 지표들 2개 이상의 내용이 1개 지표로 합쳐진 경우를 모두 '46개 질 지표'(〈표 3〉 참조)로 재구성되었다. 이 46개 통합교육 질 지표는 5가지 실행자들에게 통합교육을 실행하는 일종의 '실행기준'을 제공한다.

다음의 〈표 3〉이 제시하듯이 46개 질 지표로 정리되기까지 저자들의 검토와 외부 전문가 자문과 저자들 사이에 재검토가 여러 번 실시되었다. 이렇게 새로 구성된 '46개 통합교육 질 지표'에 대해 통합교육 실행자의 역할 목록을 4장부터 8장까지에서 제시하게 된다.

〈표 3〉의 최종 46개 통합교육 질 지표를 간단히 설명하면, 학교관리자 영역에 10개 지표, 특수교사 영역에 14개 지표, 통합학급 교사 영역에 12개 지표, 학부모 영역에 5개 지표, 지원인력 영역에 5개 지표가 포함되었다. '지표 10'의 학교 폭력 관련 내용은 새롭게 1개가 추가된 것이고, 그 외 45개는 통합교육 질 지표 55개로부터 구성된 것이다. 몇 가지 지표는 실행자의 역할을 목록화하는 면에서는 각 지표의 역할 수행이 중복되는 면이 있을 경우는 2개 지표 내용이 1개 지표로 농축된 것들이 있었고, 학생 관련 영역과 학교 환경 및 자원 관련 영역의 지표들을 빼면서 그것들 중 일부 지표 내용들이 현재 46개 지표들 안에 삽입되어 들어간 것들이 있고 해서 최종 46개로 재구성되었다. 따라서 원래 연구(박승희 외, 2012)에서 제시된 통합교육 질 지표(〈표 1〉 참조)의 영역과 번호와 순서 및 내용의 조합이 〈표 3〉에 열거된 지표와 일부 다른 것들이 있다.

<표 3> 통합교육 실행자를 위한 초등 통합교육 질 지표 46개의 핵심 내용

영역(지표 수)	지표 핵심 내용
I. 학교관리자 관련 (10)	[지표 1] 학교관리자의 행정적 지원 [지표 2] 학교관리자의 재정적 지원 [지표 3] 협력적 공동체 형성을 위한 지원 [지표 4] 통합교육을 지지하는 학교 운영 [지표 5] 교사에 대한 정서적 지원 [지표 6] 교사의 전문성 계발 지원 [지표 7] 학교관리자의 갈등중재 [지표 8] 개별적 지원 요구 학생에 대한 관리와 지원 [지표 9] 추가 인력 지원 [지표 10] 학교 폭력을 포함한 갈등 상황 관리 및 처치
II. 특수교사 관련 (14)	[지표 11] 개별화된 진단평가 [지표 12] 개별화교육계획(IEP) 수립 [지표 13] 개별화교육 실행 [지표 14] 학생의 진보에 대한 평가 [지표 15] 개별적 지원 요구 학생에 대한 지원 노력 [지표 16] 특수교사의 긍정적 행동지원 [지표 17] 특수교사의 전문성 신장 [지표 18] 다양성 수용의 학교 문화를 위한 프로그램 실시 [지표 19] 의미 있는 수업 참여를 위한 교수적 수정 지원 [지표 20] 교사 간 관계 형성 노력 [지표 21] 통합교육 실행에서 갈등중재 [지표 22] 교사와 학부모 간 정기적 협의 [지표 23] 생활 지도를 위한 관련인 간 협력 [지표 24] 특수교육대상 학생에 대한 긍정적 태도 형성
III. 통합학급 교사 관련 (12)	[지표 25] 모든 학생의 학급활동 참여 촉진 [지표 26] 모든 학생에게 적합한 교육계획 수립 [지표 27] 학급규칙 수립 및 운영 [지표 28] 모든 학생에게 적합한 평가 [지표 29] 개별적 지원 요구 학생에 대한 지원 [지표 30] 개별화교육계획 수립 및 실행에 참여 [지표 31] 통합학급 교사의 긍정적 행동지원

영역(지표 수)	지표 핵심 내용
III. 통합학급 교사 관련 (12)	[지표 32] 교수적 수정의 협력 및 적용 [지표 33] 통합학급 교사의 전문성 신장 [지표 34] 학생 간 상호지원 관계 형성 지원 [지표 35] 다양한 자원 활용을 위한 연계 [지표 36] 교사들의 협력과 공동 책임
IV. 학부모 관련 (5)	[지표 37] 특수교육대상 학생 학부모의 자녀에 대한 정보 제공 [지표 38] 특수교육대상 학생 학부모의 개별화교육계획 참여 [지표 39] 특수교육대상 학생 학부모의 자녀 학교생활 적응 지원 [지표 40] 학부모간 협력 및 학교 행사 참여 [지표 41] 일반학생 학부모의 학생 간 사회적 관계 형성 지원
V. 지원인력 관련 (5)	[지표 42] 학생에 대한 보조인력의 지원 제공 [지표 43] 교사에게 보조인력의 업무 보고 및 피드백 공유 [지표 44] 보건교사의 지원 [지표 45] 행정직원의 통합교육 지원 [지표 46] 학교운영위원회의 통합교육 지원

2. 통합교육 실행자의 역할 목록과 역할 수행 지침 및 점검 양식

1) 통합교육 실행자의 역할 목록과 역할 수행 지침

이 매뉴얼에서는 초등 통합교육 실행의 5가지 주체로: (1) 학교관리자, (2) 특수교사, (3) 통합학급 교사, (4) 학부모, (5) 지원인력을 포함하였다. 이 5가지 각 집단 혹은 개인이 무엇을 어떻게 실행하는 것이 '통합교육 질 지표'를 실행하는 것인지? 이제까지 국내외 통합교육 관련 여러 가지 단행본들과 논문들에서 제시된 통합교육의 적합한 실행에 대한 연구 결과와 정보들을 정리하여 그 후에 1차 집필된 부분에 대해 외부 전문가들에게 검토를 받고 수정·보완을 하였다. 전문가 피드백을 반영하고 '현재' 우리나라 초등 통합교육 실행자들의 '역할 목록'과 그 '역할 수행의 지침'이 될 수 있는 '최소한의 실행 기준'을 저자들이 숙고하여 제시하였다.

초등 통합교육 질 지표 5가지 영역의 46개 지표(〈표 3〉 참조)를 근거로 각 지표를 수행하는 실행자의 역할 수행에 대한 역할 목록과 지침이 4장부터 8장까지에 제시된다. 첫 영역 학교관리자 영역부터 다섯 번째 영역의 지원인력 영역에 이르기까지 각 실행자의 역할들이 목록화되어 제시된다.

5가지 영역의 46개 통합교육 질 지표에 근거한 실행자의 역할 목록 부분은 다음과 같은 하위 내용으로 구성된다: (1) 각 지표의 선정 배경 및 중요성에 대한 간략 설명; (2) 각 지표를 실행하는 실행자의 역할 목록과 지침; (3) 각 영역의 일부 질 지표(들)가 반영된 통합교육 실제 사례; (4) 각 영역 지표들 실행을 위한 참고자료의 내용 순으로 제시된다. 즉 이 매뉴얼에서 통합교육 질 지표 각각에 대해 위의 4가지 하위 내용이 제시되는데 그 각각 내용을 간략히 설명하면 다음과 같다.

(1) **'선정 배경 및 중요성'**; 이 부분은 각각의 통합교육 질 지표가 왜 통합교육의 질 지표로 선정되었으며 중요한지 그 근거를 간략히 설명한다.

(2) **'실행을 위한 역할 목록 및 지침'**: 이 부분에서 저자들은 학교관리자, 특수교사, 통합학급 교사, 학부모 및 지원인력이라는 5가지 통합교육 실행자들이 각 집단에 해당되는 통합교육 질 지표 각각을 실행하고자 할 때, 가장 기본적으로 적어도 '무엇을' 해야 하는지를 '개조식'으로 안내하고자 하였다. 통합교육을 실시해본 경험이 적은 분이나 혹은 '통합교육'이란 이름으로 교육을 하고 있으나 현재 각 실행자가 하고 있는 교육활동에 대해 더

큰 확신을 가지고 싶은 분들에게 이러한 역할들을 수행한다면, 통합교육 실제의 '최소한의 기준'을 성취하는 것이라는 것을 제시하는 목적이 있다.

통합교육 실행 경력이 길거나 짧은 다양한 분들, 혹은 학교관리자부터 지원인력 모두가 이해 가능하도록 적어도 이러한 역할들을 수행하는 것이 '통합교육의 질 지표'를 반영하는 것이라는 것을 구체적으로 쉽고 최대한 '짧게' 알려드리는 목적을 두고 집필을 한 부분이다. 물론 다양한 지역과 개별 학교 상황에 따라 또는 통합되는 개별 특수교육대상 학생의 교육적 요구에 따라 융통성 있게 적용되는 부분이 있겠지만, 최대한 학교 현장에 공통적으로 적용 가능하고 다양한 배경을 가진 실행자들에게 친절하게 다가갈 수 있는 역할 목록과 지침을 제공한다. 또한 다양한 배경의 독자들을 위해 특수교육 전문용어에 대해 간략한 설명을 박스 안에 제공하였다(예: 특수교육 관련 서비스, 교수적 수정 등).

덧붙여, 초등 통합교육의 5가지 실행자의 역할 목록에 대해 각 초등학교에서 각 실행자가 어떻게 어느 정도 역할을 수행하고 있는지 46개 질 지표를 사용하여 점검해볼 수 있도록 '46개 통합교육 질 지표에 근거한 통합교육 실행자 역할 수행 점검표' 양식을 〈부록 1〉, 〈부록 2〉에 제시하였다. 〈부록 3〉에서는 통합교육 5가지 실행자 지표 46개에 근거해서 학교관리자부터 지원인력에 이르는 역할 목록 '전체'를 표로 제시하였다.

(3) **'각 영역 지표가 반영된 통합교육 실제 사례'**: 5가지 영역의 질 지표에 대해 각 영역의 한 개 혹은 그 이상의 질 지표가 실제로 초등 통합교육 상황에 적용된 사례는 어떠한 모습일지 궁금해하는 독자를 위해 실제 일화의 예로 제시한다. 현재 우리나라 초등학교의 통합교육 실행 맥락에서 통합교육의 특정 질 지표가 반영된 모습은 '이러하다'라는 것을 독자들에게

알려드리기 위함이다. 다시 말해, 통합교육 질 지표는 논문에서만 실재하는 것이 아니라, 우리나라 현재 일선 초등학교의 통합교육 실제에서 '이렇게 충분히 반영될 수 있다'라는 것을 제시한다. 이러한 통합교육 실제의 증거 자료를 제시함으로써 질 높은 통합교육의 실제는 말로 그치는 것이 아니라 통합교육 실행자들 사이에 또 연구자와 그 외 독자들 사이에 '실현될 수 있는 교육'이라는 확신을 공유하는 것이다.

(4) '**각 영역 지표 실행을 위한 참고자료**': 이 부분에서는 각 영역 지표 실행을 도울 수 있는 참고자료로 관련 기관 정보, 나아가 교육부 및 교육청 자료, 단행본 자료, 논문 자료, 관련 앱과 인터넷 자료 및 프로그램 자료의 정보가 간략히 제공된다. 추가로 독자들은 가장 최근에 새롭게 나오는 '현재 실시간' 자료들을 주목하여 참조하기 바란다.

2) 통합교육 실행자의 역할 목록과 역할 수행 지침에 대한 외부 전문가 김도

초등 통합교육 실행의 5가지 주체로 학교관리자, 특수교사, 통합학급 교사, 학부모 및 지원인력을 포함하였다. 이 5가지 주체가 각 주체에 해당되는 통합교육 질 지표를 기본적으로 어떻게 실행해나갈 수 있는지 그 방법론을 저자들은 수년 동안 협의하고 이 매뉴얼의 형태와 내용 포맷에 대해 아이디어 개발 연구 회의를 수십 번 진행하면서 수정 보완하고 진전시켜나갔다. 수렴된 아이디어는 독자들이 통합교육 현장에서 가장 빠르게 가장 효과적으로 가장 쉽게 접근 가능한 가장 짧은 형태와 내용으로 매뉴얼을 집필하는 것이었다.

이러한 협의 과정을 거쳐서 이 매뉴얼 저자들은 집필에 대해 1부 3개장과 맺음장 9장은 박승희 책임저자가 저술하였고 2부 4장에서 8장까지 통합교육 실행자 역할 목록 및 지침에 대해서는 저자 5인 각자의 전문성에 근거해서 46개 지표를 5인이 나누어서 1차로 집필을 하였다. 그 1차 원고를 두고, 다시 5인 저자들은 1차 집필 시에 다루었던 질 지표가 아닌 다른 지표들로 2차 집필을 하여 1차와 2차 집필 내용을 검토하여 각 지표에 대한 역할 목록과 지침의 내용을 더욱 풍성하게 만들었다. 또한 최종 3차 집필 시에도 1차와 2차 집필 시에 덜 다루었던 지표들을 담당하게 함으로써 결국 저자 5인이 3차 집필 과정을 통해 46개 모든 지표에 대한 역할 목록화 집필에 모두 참여하게 되었다. 주요하게 초점을 둔 것은 5가지 통합교육 실행자가 각 집단에 해당되는 통합교육 질 지표를 실행하기 위해 기본적으로 해야 할 역할의 '최소한의 기준'이 될 수 있는 역할 목록과 지침을 가장 쉽게 접근하여 참조할 수 있는 내용과 형태로 1차 원고를 집필하는 것이었다. 그래서 문장으로 집필된 내용을 부분적으로 '개조식'으로 짧게 수정하게 되었다.

1차로 개발된 통합교육 실행자의 역할 목록과 지침에 대해서 저자 5인 저자 외로 외부 통합교육 현장 전문가 4인에게 한 달 동안 점검을 받았다. 이 검토에 참여한 전문가는 특수교육 분야 중 통합교육 전공 교수 1인, 특수교육과 일반 초등교육을 복수전공하고 현재 일반 초등학교에서 통합학급 교사로 14년째 근무 중인 일반교사 1인, 특수학급 교사로 초등 통합교육 실행 경력 21년째인 특수교사 1인, 특수학급 교사로 통합교육 실행 경험과 장학사 경력을 합쳐 25년째인 특수교육 장학사 1인이다. 저자들이 1차로 개발한 통합교육 실행자의 역할 목록과 지침 원고에 대한 이 네 분 검토자의 상세한 피드백을 모두 반영하여서 초등 통합교육 실행자들 각각의 최종 역할 목록과 역할 수행 지침을 완성하여 4장부터 8장까지 제공한다.

3) 46개 질 지표에 기초한 통합교육 실행자의 역할 수행 점검 양식

초등 통합교육의 실행을 담당하는 학교관리자, 특수교사, 통합학급 교사, 학부모 및 지원인력은 〈표 3〉에 제시된 46개 질 지표에 대해서 〈부록 1〉, 〈부록 2〉 통합교육 실행자의 역할 수행 점검표를 사용하여 각자 역할 수행의 양상과 정도를 점검해볼 수 있다. 5가지 각 실행자가 자신에 해당되는 통합교육 질 지표의 역할 수행을 파악해 자가진단해볼 수 있고 동시에 다른 실행자의 역할 수행을 함께 점검해볼 수 있다. 〈부록 1〉의 점검 양식은 7점 라이커트 척도(1점-'전혀 그렇지 않다'부터 4점-'보통'에서 7점-'매우 그렇다'까지)를 사용하여 5가지 실행자 각각의 통합교육 실행 양상과 수준을 점검할 수 있으며, 점검 결과는 〈부록 2〉에 요약된다. 또한 〈부록 2〉에서 점검의 종합 결과 그래프는 통합교육의 5가지 실행 주체의 역할 수행 퍼센타일 점수를 시각적으로 제시해 쉽게 비교 가능하게 한다. 종합 결과를 표와 그래프로 요약하여 각 학교 통합교육 실제의 현재 상황을 점검해보고 강점을 유지시키며 더 나은 실행을 위한 실행자 각 주체의 지원 요구 판별 및 학교 차원의 통합교육 실행 개선 과제들을 도출해낼 수 있다.

<1부 참고문헌>

교육부(2018). 2018 특수교육운영계획. 세종시: 교육부.

교육부(2019). 2019 특수교육운영계획. 세종시: 교육부.

박승희(1999). 2000년대 한국 특수학급의 정체성과 발전방향: 특수학교, 특수학급 및 일반 학급의 관계구도의 진전. 특수교육학연구, 33(2), 35-66.

박승희(2001). 한국 특수학교의 정체성과 역할에서의 새로운 선택. 특수교육학연구, 36(1), 1-28.

박승희(2002). 장애학생의 교육과정적 통합을 위한 일반학교의 학교 수준 교육과정계획 모형. 특수교육학연구, 37(1), 199-235.

박승희(2003). 한국 장애학생 통합교육: 특수교육과 일반교육의 관계 재정립. 서울: 교육과학사.

박승희, 홍정아, 최선실(2012). 통합교육 질 지표의 개발과 활용: 초등 통합교육 평가를 향하여. 특수교육학연구, 47(1), 87-117.

박승희, 이효정, 허승준(2015). 전국 중학교 특수학급 및 통합학급 수업의 실제: 중학교 통합교육의 실상과 허상. 특수교육, 14(1), 27-62.

조성지, 박승희(2018). 서울 지역 고등학교 특수학급 학생의 수업과 학교생활 실태: 고등학교 통합교육 내실화를 향한 문제 정의. 지적장애연구, 20(1), 25-59.

최혜리, 박승희(2018). 서울 지역 초등학교의 통합교육 실행에 대한 특수교사와 일반교사의 평가: 초등 통합교육 질 지표를 중심으로. 특수교육학연구, 53(2), 23-52.

2부

초등 통합교육 실행자의 역할 목록과 역할 수행 지침

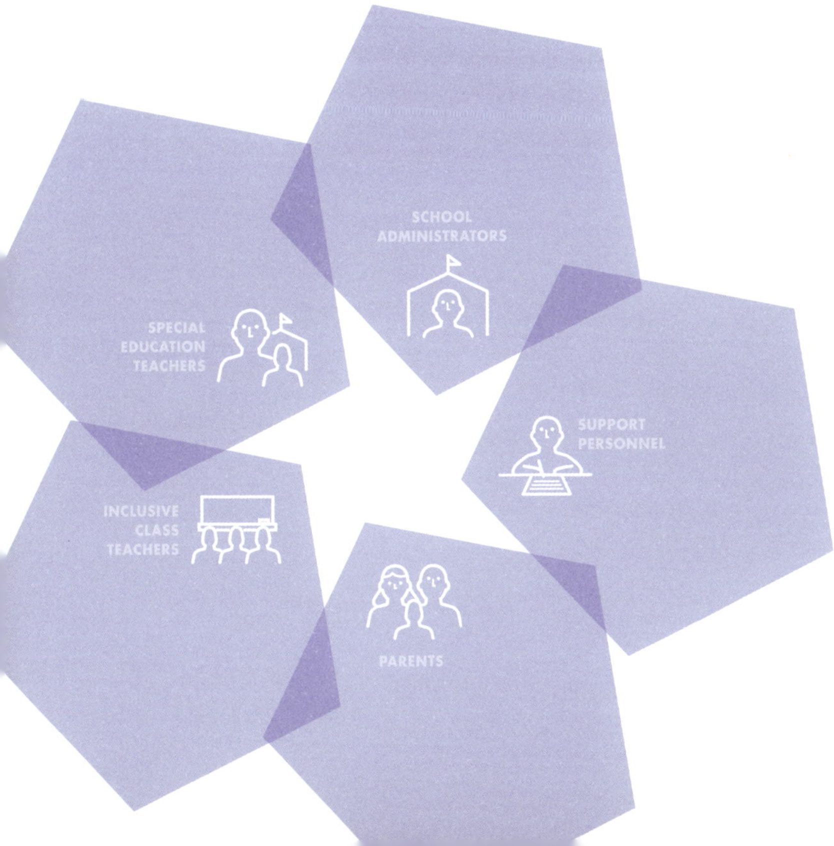

4장

학교관리자의 역할 목록과 역할 수행 지침

1. 영역 I: 학교관리자 지표 1부터 지표 10까지 역할 목록

● 학교관리자 지표 10개(지표 1-지표 10) ●

[지표 1] 학교관리자의 행정적 지원
[지표 2] 학교관리자의 재정적 지원
[지표 3] 협력적 공동체 형성을 위한 지원
[지표 4] 통합교육을 지지하는 학교 운영
[지표 5] 교사에 대한 정서적 지원
[지표 6] 교사의 전문성 계발 지원
[지표 7] 학교관리자의 갈등중재
[지표 8] 개별적 지원 요구 학생에 대한 관리와 지원
[지표 9] 추가 인력 지원
[지표 10] 학교 폭력을 포함한 갈등 상황 관리 및 처치

지표 1 학교관리자의 행정적 지원

학교관리자는 교사들이 통합교육 프로그램을 계획하고 실행하는 데 필요한 행정적 지원(예: 학생 수, 교사들의 업무량 조정 및 인적 지원 등)을 제공한다.

지표 1 선정 배경 및 중요성

성공적인 통합교육의 실행을 위해서는 학교관리자의 리더십이 무엇보다 중요하다. 질 높은 통합교육을 실시하기 위해서는 개인 교사 차원의 노력은 한계가 있으므로 학교 전체 차원에서 모든 교사의 전문성과 협력이 공유될 수 있도록 학교관리자의 행정적 지원이 필요하다. 통합교육 실행 과정에서 각 학교는 학교의 고유한 사회·경제 및 문화적 환경이나 학교구성원의 특성에 따라 각기 다른 어려움을 겪으며 학교별로 다른 문제 해결 방안을 찾아야 한다. 이러한 과정에서 학교관리자의 적절한 리더십의 발휘와 행정적 지원은 통합교육을 포함한 학교 운영 전반에 걸쳐 결정적인 영향을 미친다.

지표 1 실행을 위한 역할 목록 및 지침

1-1. 학교관리자는 통합교육을 위해 특수교육대상 학생의 요구에 맞는 행정적 지원을 제공한다.

- 특수교육대상 학생의 통합에 필요한 학교 시설 보완
- 특수교육대상 학생의 요구에 필요한 지원인력 확보
- 통합학급 담임교사 배치의 합리적인 기준 마련
- 특수교육대상 학생의 통합학급 수업의 원활한 참여를 위한 시간표 조정 배려

1-2. 학교관리자는 통합교육을 위해 통합학급 교사들의 요구에 맞는 행정적 지원을 제공한다.

- 통합학급 교사의 업무량 경감
- 통합교육의 효율적 실행을 위해 통합학급 학생 수 조정
- 학교 여건에 맞는 통합학급 지원 전략 수립
(예: 교사 평가 항목 조정, 지원인력 배정, 교실의 적절한 배치 등)

1-3. 학교관리자는 통합교육을 위해 특수교사들의 요구에 맞는 행정적 지원을 제공한다.

- 특수교사의 행정적 업무량 경감
(예: 행정지원사나 교무행정실무원 인력 보강을 통한 물품 구입 등의 업무 지원)
- 특수교육대상 학생에게 적합한 교재 교구 구비 지원
- 특수교육대상 학생에게 적합한 교육과정 실행에 필요한 지원 제공
- 특수교육대상 학생의 교육에 필요한 지역사회 자원 개발 및 지원
- 일반교사와 동등한 처우 및 인사
(예: 차별 없는 교원 평가 및 보직 배정)

지표 2 학교관리자의 재정적 지원

학교관리자는 학교 운영 예산 편성 시, 특수학급 운영 예산 및 통합교육 실행을 지원하기 위한 예산(예: 간담회, 장애이해교육 활동, 특수교육 활동 지원 인건비 예산 편성 등)을 편성하여 운영, 집행한다.

지표 2 선정 배경 및 중요성

학교관리자는 특수교육대상 학생들에게 제공되는 교육 수준을 높이기 위해 재정적 지원을 제공한다. 공식적인 특수학급 운영 경비 이외에도 통합교육 실행을 위해 재정적 지원을 제공한다면, 특수교육대상 학생뿐 아니라 모든 학생을 위한 통

합학교(inclusive schools)로 발전될 수 있다. 학교관리자는 통합교육 관련인들(예: 통합학급 교사, 특수교사 등)의 협의를 통해 학교 예산 편성 시 통합교육에 필요한 프로그램 실행비, 학교 시설물 및 보조 장비, 인력, 교육 자료에 대한 조사와 정보 공유를 통해 적절한 예산을 편성해야 한다. 또한, 통합교육을 위해 편성된 예산이 적절한 시기에 효과적으로 집행되는지 지속적으로 관리·감독해야 한다.

지표 2 실행을 위한 역할 목록 및 지침

2-1. 학교관리자는 재정적 지원이 필요한 영역을 진단한다.

- 특수학급 및 통합교육 실행을 위한 학교 시설 설비
- 특수교육대상 학생의 교수-학습 자료 구입
- 특수교육대상 학생의 지역사회 기관 방문 및 현장 체험 학습
- 특수교육대상 학생의 활동 참여를 위한 인력 지원
- 특수교육대상 학생에게 필요한 보조 기기 구입
  (예: 의사소통 지원 기기, 보기 및 듣기 활동 지원 기기, 이동 지원 기기 등)

2-2. 학교관리자는 학교교육 활동이나 행사 중 통합교육 촉진을 위해 재정적 지원의 필요 여부와 필요 정도를 점검 및 평가한다.

- 교사 및 학부모 대상 통합교육 간담회
- 학교 전체 학생, 교직원 및 학부모 대상 장애인식개선 활동
- 특수교육대상 학생과 또래학생 간의 상호작용 증진 활동
  (예: 통합동아리 활동, 특별한 친구 프로그램, 또래 지원이나 또래 교수 프로그램 등)

2-3. 학교교육 활동이나 행사 지원을 위해 학교 예산을 수립하고 집행한다.

- 특수학급 운영비 예산 수립 및 사용
- 통합학급 운영비 예산 수립 및 사용

지표 3 협력적 공동체 형성을 위한 지원

학교관리자는 교사, 학부모, 학생 및 지역사회 인사 등을 대상으로 장애 수용 및 다양성 존중, 학교공동체 및 구성원 간 협력의 중요성에 대한 이해교육을 실시한다.

지표 3 선정 배경 및 중요성

통합교육은 특수교육대상 학생뿐만 아니라 일반학생을 포함한 모든 학생을 위한 학교교육 개선 운동과 학교교육의 전반적인 질 향상 과제와 밀접한 관련성을 가지므로 교사, 관련 전문가, 학생, 학부모 및 지역사회 인사들의 협력이 강조된다. 장애 수용 및 다양성 존중, 학교공동체 및 구성원 간 협력의 중요성에 대한 인식 제고 노력이 필요하다. 학교관리자는 특수교육대상 학생을 포함한 모든 학생들의 다양성을 존중하고 통합교육을 실행하는 것이 모든 학생의 교육적 성취에 긍정적 효과가 있음을 학교공동체 전체가 인식할 수 있도록 학교교육과정 내에 장애이해 및 다양성 수용 교육 프로그램이 포함되도록 독려하여야 한다. 또한 다양성 수용 및 협력적 태도에서 학교관리자로서 모범을 보임으로써 학교공동체 구성원들에게 협력적 리더십을 발휘하여야 한다.

지표 3 실행을 위한 역할 목록 및 지침

3-1. 학교관리자는 통합교육에 대한 교육적 철학을 공고히 한다.

- 통합교육은 특수교육대상 학생만을 위한 것이 아닌 '모든' 학생의 최적합한 교육을 향한 학교교육 개선 운동이며 학교 교육력 제고 노력
- 전교생을 특수교육대상 학생과 일반학생으로 이분화하는 태도 지양
- 우리 학교공동체 구성원의 다양성 조사
- '모든' 학생을 포함하는 학교 교훈과 교육 목표 설정
- '모든' 학생을 포함하는 교육과정 구안
- '모든' 학생을 대상으로 한 학교 차원의 훈육 규칙 수립

3-2. 학교관리자는 학부모를 대상으로 통합교육 연수를 실시한다.

- 학기 초 학부모 총회 시 다양성을 중시하는 학교 문화 조성의 일환으로 통합교육 연수 및 간담회 실시
- 신입생 학부모 대상 통합교육 연수 실시
- 학부모 대상 정기적인 통합교육 연수 실시
- 학부모와 통합교육의 효과와 장기간 성과 공유
  (예: 장애학생 및 일반학생에게 나타난 긍정적인 학업 및 사회·정서 효과)
- 학부모가 우려하는 통합학급 내 발생 가능한 문제에 대한 묘사와 각각의 대처 방안 안내, 교육적 의미 설명 및 협조 사항 제시

3-3. 학교관리자는 학교 내 모든 인력을 대상으로 통합교육 연수를 실시한다.

- 학생 대상 통합교육 연수 실시
- 교사 대상 통합교육 연수 실시
- 교사 대상 장애이해(장애인식개선 활동) 및 통합교육 인식 개선을 위한 연수 이 외에 다양한 학습자에 대한 교사의 이해와 지도 역량 증진을 위한 연수 실시
- 교사 이 외 모든 직원 대상 통합교육 연수 실시
- 다양성을 학교 문화의 한 요소로 구축할 수 있도록 학교 전체 구성원의 인식 변화 유도

지표 4 통합교육을 지지하는 학교 운영

학교관리자는 학교교육과정을 수립, 작성, 운영 및 평가할 때 통합교육을 지지하는 정책과 제도 및 관련 내용(예: 통합교육 기본 철학, 통합학급 교사와 특수교사의 책임 공유, 개별 학생의 요구에 적합한 교육과정 계획 등)을 포함한다.

지표 4 선정 배경 및 중요성

학교관리자의 통합교육에 대한 긍정적인 태도와 관리자로서의 역할 수행은 통합교육의 적합한 실행에 무엇보다 중요하다. 통합교육이 특수교육대상 학생을 포함한 모든 학생에게 최적의 교육을 보장하기 위해서는 학교교육과정을 수립할 때 통합교육의 기본 철학, 통합학급 교사와 특수교사의 책임 공유, 개별 학생의 요구에 적합한 교육과정 계획 등의 통합교육 지원 관련 내용들을 포함할 필요가 있다.

학교관리자는 통합교육 실행 담당자들이 통합교육에 대한 책임을 공유하고 상호 지원적 관계를 유지하도록 교육과정 계획, 실행, 평가의 전 단계를 감독하여야 한다. 필요한 경우 학교관리자의 적절한 지원은 통합교육 실행의 효과를 최대화할 수 있는 핵심적 요소가 될 수 있다.

지표 4 실행을 위한 역할 목록 및 지침

4-1. 학교관리자는 학교교육과정 내에 통합교육 실행을 위한 내용을 포함하도록 한다.

- 학교교육과정 수립을 위한 협의 시 통합교육 관련 내용이 포함되도록 권고
- 학교교육과정 내에 특수교육대상 학생의 통합학급 수업 참여 증진을 위한 구체적 절차가 포함되도록 권고

4-2. 학교관리자는 학교교육과정에 통합교육 실행에 필요한 세부 사항을 제시하도록 한다.

- 학교교육과정 내에 통합교육에 대한 기본 철학과 원칙 제시
- 학교교육과정 내에 통합학급 교사와 특수교사의 역할, 협력 및 책임에 대한 명시
- 학교교육과정 내에 통합교육을 위한 교육과정 및 '특수교육 관련 서비스' 명시

> ‘특수교육 관련 서비스’(related services)란?
> 특수교육대상자의 교육을 효율적으로 실시하기 위하여 필요한 인적·물적 자원을 제공하는 서비스로서 상담 지원·가족 지원·치료 지원·보조인력 지원·보조공학기기 지원·학습보조기기 지원·통학 지원 및 정보접근 지원 등을 말한다(「장애인 등에 대한 특수교육법」 제2조 2항).

4-3. 학교관리자는 학교교육과정에 명시된 통합교육 실행의 적절성을 관리·감독한다.

- 통합학급 교사와 특수교사의 역할 수행과 협력에 대한 감독과 지원
- 일반학생과 특수교육대상 학생의 상호 우호적 인식과 협력적 태도 및 행동에 대한 격려, 지원 및 감독
- 통합교육을 위한 교육과정 및 관련 서비스에 대한 감독과 지원

4-4. 학교관리자는 특수교육대상 학생의 지원을 위한 통합교육 관련인 간의 정기적인 회의를 지원한다.

- 개별화교육지원팀 내 실제적인 정보 교류 및 상호간 협의 과정 지원
- 개별화교육지원팀의 통합학급 교사와 특수교사 간 협력적 자문 실시 지원
- 특수교사, 통합학급 교사 및 교과 담당 교사의 정기적 회의 지원

지표 5 교사에 대한 정서적 지원

학교관리자는 통합교육을 담당하는 통합학급 교사와 특수교사가 성공적인 통합교육을 실행하도록 정서적으로 격려한다.

지표 5 선정 배경 및 중요성

학교관리자가 교사에게 제공할 수 있는 지원 중에서 교사의 직무만족도를 높이는 가장 실제적인 지원은 정서적 지원일 수 있다. 학교관리자의 정서적 지원이란, 학교관리자가 통합교육의 가치를 수용하고, 교사가 하는 일이 매우 가치 있는 일이라는 것을 인식하고, 담당 교사에게 신뢰를 보이고 격려하는 것이다. 학교관리자의 정서적 지원을 통해 교사의 직무만족도 및 업무효율성이 높아질 수 있으므로 통합교육 실행을 촉진하기 위해 학교관리자는 통합학급 교사와 특수교사의 기여를 동등하게 소중히 여기며 정서적으로 격려하는 것이 필요하다.

지표 5 실행을 위한 역할 목록 및 지침

5-1. 학교관리자는 통합학급 교사와 특수교사가 통합교육 실행의 전문성과 책무성을 상호 공유하고 있다는 점을 인정한다.

- 학교관리자의 통합교육 지지를 학교구성원들에게 공개적으로 표현
- 학교관리자는 통합교육 실행에 일반교육 및 특수교육 두 전문성의 고유한 기여를 공개적으로 인정하고 두 전문성의 상호의존성과 책인 공유를 지원
- 학교관리자는 통합교육 연수에 직접 참여
- 학교관리자는 특수교육대상 학생의 개별화교육지원팀 회의에 참석

5-2. 학교관리자는 통합교육 관련 업무 추진에 필요한 의견 제시 및 중요한 결정 사항에 대해 통합학급 교사 및 특수교사에게 우선적으로 그 기회를 제공한다.

- 학교관리자는 특수학급 및 통합학급 운영과 관련된 구체적 업무 파악
- 학교관리자는 통합교육 실행 추진을 위한 업무 계획 및 실행에 리더십을 발휘하고 통합학급 교사와 특수교사의 전문적 판단을 존중하고 인정

- 학교관리자는 특수교사와 통합학급 교사가 협력교수를 시행할 시 필요한 협의 시간 배려, 다른 교사의 이해 유도 및 시간표 조정 지원

5-3. 학교관리자는 통합학급 교사와 특수교사가 통합교육을 위해 유·무형의 노력으로 헌신하고 있음을 인정한다.

- 학교관리자는 특수학급 설치가 곧 통합교육 실행을 의미하는 것이 아님을 인식
- 학교교육과정에 특수학급 운영 및 통합학급 운영의 구체적 방안을 포함시키고 학교 전체 구성원(예: 전체 교사, 행정직원 등)이 그 주요 내용을 주지하도록 조치
- 전체구성원이 참여하는 통합교육이지만 실제 실행에서 통합학급 교사와 특수교사의 유·무형의 노력을 인정하고 행정적 지원 제공 (예: 학급당 인원수 감축, 담당 업무의 과중 여부를 고려 등)

5-4. 학교관리자는 통합학급 교사와 특수교사의 통합교육을 위한 노력이 전체 모든 학생 교육에 긍정적인 영향을 미칠 수 있음을 인식하고 격려한다.

- 교직원 회의나 학교교육과정 설명회 등에서 통합교육의 중요성 및 성과 언급
  (예: "특수교육대상 학생을 위한 통합교육의 성공적 실행을 통해 '모든' 학생을 위한 '좋은 학급', '좋은 학교'를 구현할 수 있습니다. 통합교육이 장애학생만을 위한 것이 아니고 모든 학생의 교육적 요구에 보다 민감하고 반응적인 학교교육, 학교 전체의 공동체 문화 및 다양성 수용 문화 형성에 기여할 수 있습니다.")

지표 6 교사의 전문성 계발 지원

학교관리자는 통합학급 교사 및 특수교사의 전문성을 인정하고 연수나 워크숍과 같은 교사들의 전문성 계발 기회를 제공한다.

지표 6 선정 배경 및 중요성

교사들의 지속적인 전문성 계발은 교육의 질 향상과 직결되는 문제이다. 최근에는 기존의 강의 중심의 연수교육을 넘어 교사들 간의 수평적인 컨설팅과 학교 안과 밖의 학습공동체 모임이 특별히 강조되고 있다. 교사들이 학교 내외 자발적인 학습공동체 모임을 조직하고 참여하는 것을 증진시키려면 학교관리자의 지원이 필수적으로 요구된다. 원격교육 역시 효율적인 교사교육 방법이긴 하나, 형식적인 수강에 그치지 않으려면 관리자의 세심한 관심과 관리 및 지원이 요구된다.

지표 6 실행을 위한 역할 목록 및 지침

6-1. 학교관리자는 교사의 전문성 계발을 지원하기 위해 학회 참여, 대학원 진학, 외부 워크숍 참석 및 원격교육 수강 등을 격려한다.

- 현재 학교 교사들이 참여하고 있는 전문성 계발 방법 조사
  (예: 대학원 진학, 원격교육 수강, 학습공동체 모임, 워크숍, 학회 참여, 일반 자격연수 등)
- 교사들의 전문성 계발과 관련된 우선순위 영역 및 용이한 방법 조사
- 교사들의 연간 전문성 계발 계획 수립 격려
- 교사들이 요구하는 연수 출장 허가 및 연수비 지원
- 교사들의 선호도에 기반을 둔 교내 연수 기획 및 실행

6-2. 학교관리자는 교사의 전문성 계발을 지원하기 위해 학교 안과 밖의 학습공동체 모임의 참여를 격려한다.

- 학교 안과 밖의 학습공동체 모임 구성을 격려
- 교사들의 학교 안과 밖의 학습공동체 참여를 위한 신청 절차를 만들어 교사의 필요 여부에 따라 상시 공동체에 참여할 수 있는 지원 체계 구축
- 학교 안과 밖의 학습공동체 모임 참여를 위한 일정 조정을 허가
- 학교 안 학습공동체 모임 시 재정적 지원
  (예: 간식비 등)

지표 7 학교관리자의 갈등중재

학교관리자는 통합교육 계획, 실행 및 평가 과정 중 일어나는 갈등적 요소를 확인하고 그 해결을 돕는다.

지표 7 선정 배경 및 중요성

통합교육 실행은 학교 구성원의 협력이 필요한 과정이다. 이러한 과정에서 각자의 역할과 책임이 상충되면서 역할 수행에 어려움을 겪거나 여러 가지 갈등을 경험할 수도 있다. 그러나 효율적인 갈등 해결 과정 또한 통합교육 실행에서 필요한 한 요소로 수용할 필요가 있다. 이 과정을 통해 통합교육 실행자들 각자의 통합교육 실행 능력이 신장될 수 있다. 학교관리자는 학교 전체의 분위기와 정책을 선도하는 데 가장 강력한 학교 의사결정자이므로 통합교육 계획, 실행 및 평가 과정에서 학교 구성원들 간에 일어나는 갈등적 요소를 확인하고 그 해결을 돕는 데 매우 중요한 역할을 하게 된다.

지표 7 실행을 위한 역할 목록 및 지침

7-1. 학교관리자는 학교교육과정의 통합교육 실행에 대한 기준을 마련한다.

- 통합교육 실행 원칙과 기준을 학교교육과정에 제시
  (예: 통합교육 기회는 장애 유형이나 정도에 상관없이 모든 학생에게 제공 등)
- 통합교육 실행자들 간의 역할과 책임을 명시화
- 학교교육과정 기준과 절차에 맞는 실행이 이루어지도록 독려 및 관리

7-2. 학교관리자는 통합교육 관련 구성원들 간의 갈등 발생 예방을 위해 노력한다.

- 간담회와 같은 공식적 의사소통 창구 마련
- 관련인 간 비공식적 의사소통을 위한 분위기 조성
- 통합교육 실행 과정에서 방해가 되는 물리적 및 행정적 요소 분석
  (예: 통합학급 시간표 편성, 평가 방식 등)
- 특수교사와 통합학급 교사의 '협력교수' 시 사전에 명확한 역할 설정 권고
- 통합교육 실행 과정에서 교사 간 갈등 발생 요소 분석
  (예: 통합교육 필요성에 대한 낮은 이해, 문제에 대한 의사소통 부재 등)
- 통합교육 실행 과정에서 학생 간 갈등 발생 요소 분석
  (예: 특수교육대상 학생이 따돌림을 받는 이유와 일반학생이 특수교육대상 학생을 거부하는 이유 분석)
- 통합교육 실행 과정에서 교사와 학부모 간 갈등 요소 분석
  (예: 공식적 혹은 비공식적 의사소통 창구가 있는지 파악, 교사의 의사소통 스타일 점검, 학부모의 과도한 요구 사항 점검 등)

7-3. 학교관리자는 통합교육 관련 구성원들 간의 갈등을 효과적으로 중재한다.

- 통합교육 실행 중 잠재적 갈등 예방을 위해 평소 교사 간 신뢰 구축 노력과 정기적 협의회 실시
- 통합교육 실행 과정에서의 문제 해결을 위한 직접적 지원 제공
  (예: 물리적 방해 요소 제거, 교사와의 1:1 면담 후 지원 방향의 신중한 결정)

- 외부 전문가의 컨설팅과 같은 사전 예방적 노력을 통해 갈등 발생 요인 최소화하기
- 관련인 간 공식적 및 비공식적 활발한 의사소통을 위한 정서적 지지 제공
- 실제 갈등 발생 후 갈등과 직접 관련 없는 제3의 교사나 외부 전문가의 효과적 중재 지원을 적용

지표 8 개별적 지원 요구 학생에 대한 관리와 지원

학교관리자는 개별적 지원이 요구되는 학생들의 정보를 가지고 정기적으로 학생들의 학교생활 전반을 살펴서 필요한 지원을 제공한다.

지표 8 선정 배경 및 중요성

최근 일선 학교 환경에서 학생 배경의 다양성 범위가 점점 증가되고 있다. 장애학생 이 외에도 개인 학생별로 개별적 지원이 요구되는 학생 수가 증가하고 있다. '개별적 지원 요구 학생'이란 특수교육대상 학생으로 판별되지 않았지만 학업, 사회·문화, 언어, 정서, 행동, 경제, 건강상의 어려움이 있거나 장애 위험군에 속하는 학생을 포함한다. 또는 해외에서 오래 거주하다 귀국한 학생들의 한국 학교 적응을 위한 일시적인 개별적 지원도 포함된다. 학교관리자는 특수교육 요구(special education needs)뿐 아니라 다양한 영역에서 개별적인 요구를 필요로 하는 학생들에게 보다 민감하고 반응적이며 적절한 지원을 제공하는 학교교육을 제공할 수 있어야 한다.

지표 8 실행을 위한 역할 목록 및 지침

8-1. 학교관리자는 개별적 지원 요구 학생 선별을 위한 학교 체계를 갖춘다.

- 학부모 및 교내 모든 구성원들과 개별적 지원 요구 학생의 조기 교육 지원 요구 파악 및 조기 교육 지원의 효과에 대한 긍정적인 인식 공유
- 개별적 지원 요구 학생 선별과 지원을 위한 학교 중심 교육 지원 체계 구성
  (예: 학교 차원의 지원 체계 및 지원 제공 절차 개발, 담당 교사들의 권한 및 업무 규정, 학교 내 구성원과 다양한 방식으로 정보와 이해 공유)
- 개별적 지원 요구 학생의 지원을 위한 정기적 선별
  (예: 일반학급 교사를 통한 장애위험 대상자 정보 수집, 특수교사의 교실 관찰 및 선별도구 적용, 대상 학생과 학부모와의 면담)

8-2. 학교관리자는 개별적 지원 요구 학생들에게 적합한 지원을 제공한다.

- 개별적 지원 요구 학생의 지원 요구 판별
  (예: 학업, 언어, 사회·문화, 정서, 행동, 경제, 건강 문제)
- 개별적 지원 요구 학생 지원을 위한 지도 및 관리 체계 마련
- 개별적 지원 요구 학생의 요구에 적합한 지원인력 제공
  (예: 외부 봉사자)
- 개별적 지원 요구 학생의 요구에 적합한 지역사회 기관과 연계 시도
- 개별적 지원 요구 학생에 대한 상담 제공

8-3. 학교관리자는 개별적 지원 요구 학생들에게 제공되는 지원의 적절성을 감독한다.

- 개별적 지원 요구 학생의 관리 과정에 대한 감독
- 개별적 지원 요구 학생에게 제공되는 지원 내용과 절차의 적절성에 대한 감독
- 개별적 지원 요구 학생에게 제공된 교육과 지원에 대한 만족도 모니터링하기

지표 9 추가 인력 지원

학교관리자는 통합교육의 적합한 실행을 위해 추가 지원인력(예: 자원봉사자, 교육실습생, 활동보조원 등)의 학교 참여와 지원을 수용하고 활용한다.

지표 9 선정 배경 및 중요성

통합교육이 실행되는 과정을 살펴보면 교사, 학생, 학부모 이외에 지원인력의 역할도 매우 중요하다. 통합교육의 적합한 실행을 위해서는 학교관리자가 자원봉사자, 교육실습생, 멘토링 활동 학생 등과 같은 추가의 지원인력들을 적합하게 확보하고 활용하는 것이 요청된다. 학교관리자는 이러한 외부 지원인력이 교내의 다양한 학생들을 지원할 때 이들의 지원 역량뿐 아니라 인식과 태도에서 통합교육의 기본 철학을 이해하고 지원 활동에서 일관적인지에 대해 유념할 필요가 있다. 학교관리자는 다양한 학생들이 누구도 배제되지 않고 동등한 학생 구성원으로 존중받아야 하고 적절히 교육받아야 하는 통합교육의 철학을 외부 지원인력들이 이해한 상태에서 개인 학생들에게 지원을 제공할 수 있도록 사전교육과 지원 시 관리·감독을 제공한다.

지표 9 실행을 위한 역할 목록 및 지침

9-1. 학교관리자는 통합교육 실행에서 필요한 추가 인력을 확보한다.

- 통합교육 실행에서 필요한 적절한 추가 인력 수 확인
- 통합교육 실행에서 필요한 적절한 추가 인력 확보
  (예: 인근 대학교 학부 및 대학원 학생, 자원봉사자, 통합교육 관련 연구자)

9-2. 학교관리자는 통합교육 실행을 위해 추가 인력을 효율적으로 활용한다.

- 통합교육 실행을 위해 추가 인력의 적절한 배정
- 학교 차원에서 추가 인력의 활동 전에 필요한 사전교육 실시 및 지원

에 관한 설명 자료 마련

- 추가 인력의 역할 수행에 대한 지속적인 관리 및 감독

지표 10 학교 폭력을 포함한 갈등 상황 관리 및 처치

학교관리자 이하 모든 교직원은 학생들 사이에 다양한 갈등 상황(예: 집단 따돌림, 놀림 등)을 신속히 파악하고 적절한 조치를 취한다.

지표 10 선정 배경 및 중요성

학교 폭력은 상해, 폭행, 강제적인 심부름, 놀림, 따돌림, 사이버 따돌림 등을 포함하는 신체 · 정신적 가해 행동으로 스트레스, 우울, 불안, 학교 부적응, 공격성, 수치심, 자살 충동, 자살까지 이르게 하는 심각한 사회 문제이다. 특히 학교 폭력은 자신보다 힘이 약하거나 적절히 대응하지 못하는 상대방에게 폭력을 행사하는 경우가 많기 때문에, 특수교육대상 학생 및 개별적 지원 요구 학생이 피해를 입을 가능성이 높다. 그러나 이들은 자신이 피해를 입고 있음에도 피해자인지 인식하지 못하거나 신고하는 방법을 몰라 피해 구제에 덜 적극적일 수 있다. 이에, 학교관리자는 모든 학교 직원들이 학교 폭력을 예방하고 폭력 상황을 빠르게 인지하여 즉각적 대처 방안을 강구할 수 있도록 지원해야 한다.

지표 10 실행을 위한 역할 목록 및 지침

10-1. 학교관리자는 학교 구성원들을 대상으로 학교 폭력 예방교육을 실시하고, 학교 폭력 사안 발생 시 법률에 따라 즉각적으로 대처한다.

- 학교 폭력 전담기구 구성 및 관련 접수 대장 비치
- '학교 폭력 예방 및 대책에 관한 법률' 및 '학교 폭력 예방 및 사고 처리 시 절차'를 홈페이지 및 유인물로 가정에 안내

- 전 교직원 및 학생, 학부모를 대상으로 학교 폭력 예방교육 및 대응 교육 실시
- 학교 내 외진 곳에 CCTV를 설치하거나 학생 접근 금지
- 쉬는 시간, 점심 시간에 복도, 화장실, 운동장 및 교사의 관리 감독에서 제외되는 외진 곳 순찰 시스템 강화
(예: 학교 보안관 활용)
- 특수교육대상 학생이 학교 폭력의 당사자(가해자 및 피해자 모두)가 되었을 때에는 담임교사, 특수교사, 학교 폭력 담당자가 협력하도록 관리

10-2. 학교관리자는 통합학급 교사가 학교 폭력 예방을 위해 노력하도록 지원한다.

- 통합학급 교사의 학급 운영 방식이나 개인적 태도가 교실 갈등의 원인이 될 수 있으므로 민주적이고 협동적인 교실 운영을 할 수 있도록 지원
- 통합학급 교사는 쉬는 시간, 점심 시간 및 등하교 시에 학생들의 행동을 섬세히 살피도록 제안
- 통합학급 교사는 따돌림이나 괴롭힘과 연계된 작은 행동에도 민감한 반응과 단호한 대처
(예: 교내에서 괴롭히는 행동에 '무관용'[zero-tolerance] 원칙 고수)
- 통합학급 교사는 학급 학생들에게 학교 폭력 예방교육 시, 적극 가담 외에 방관과 무관심한 행동도 역시 학교 폭력에 동조하는 것임을 알리며 학교 폭력 신고 방법을 명확히 안내
- 통합학급 교사는 학급 학생들에게 학교 폭력 대처 방법을 소개 후, 지속적으로 숙지와 연습을 점검

10-3. 학교관리자는 사건 발생 시 교직원이 신속하게 대처하도록 지원한다.

- 통합학급 교사나 특수교사는 피해 학생과 가해 학생의 징후와 학생의 변화를 신속하게 인지

- 통합학급 교사나 특수교사는 주기적으로 학생 질문지를 통해 괴롭힘의 사례 파악
- 교직원은 학교 폭력 대응 방법에 관한 연수를 듣고, 관련 절차에 대해 명확히 인지
- 교직원은 사건 발생 시, 제3자의 기록 및 CCTV 자료를 빠르게 확보하고 관리자와 학부모에게 신속히 알리며 절차대로 사건을 처리함
- 특수교육대상 학생이 사건에 연계되어 있을 경우 특수교사와 긴밀한 협조 관계를 가지나 주 책임자는 담임교사임을 유념

10-4. 학교관리자는 특수교사가 특수교육대상 학생의 학교 폭력 예방을 위해 노력할 수 있도록 지원한다.

- 특수교사가 특수교육대상 학생의 행동 변화를 항상 민감하게 관찰
- 특수교사가 특수교육대상 학생이 이해할 수 있는 수준에서 적합한 학교 폭력 예방 프로그램을 개발하고 실시하도록 독려 및 촉구
- 특수교사가 특수교육대상 학생이 학교 폭력의 가해자나 피해자의 징후가 있을 시 통합학급 교사와 학부모에게 신속하게 알리고 조치

2. 영역 Ⅰ: 학교관리자 지표가 반영된 통합교육 실제 사례

학교관리자 영역 지표 실행 사례 1: 원칙은 원칙대로

*** 관련 지표: '지표 1-학교관리자의 교사에 대한 행정적 지원'**

A학교 학교장은 특수학교 교사 자격증을 가진 교사가 통합학급 담임을 원할 경우 1순위로 담임 배치를 하도록 하였으며, 통합학급은 일반학급보다 학생이 2-3명 이상 적고, 전입생을 받지 않는다는 원칙을 학년 배정 시부터 명확히 해놓았다. 통합학급이 있는 새 학년 학급의 위치를 정할 때에도 특수교육대상 학생의 특성을 고려한 위치 선정을 가장 우선순위로 하는 원칙을 세우고 지키도록 하였다.

A학교로 새로 전입 온 박 교사는 특수학교 교사 자격증을 소지하고 통합학급 담임을 희망하여 특수교육대상 학생이 가장 많이 배치된 4학년 담임을 맡게 되었다.

학교관리자 영역 지표 실행 사례 2:
오늘도 교장 선생님과 하이파이브

*** 관련 지표: '지표 5-학교관리자의 교사에 대한 정서적 지원'**

B학교의 김재호 학교장(가명)은 아침부터 분주하다. 매일 아침 교문에 서서 모든 학생들에게 악수나 '하이파이브' 등으로 환영인사를

한다. 특수교육대상 학생 및 개별적 지원 요구 학생들을 만날 때면 이름을 부르고 더 반갑게 인사를 한다. 김 학교장이 개별적 지원 요구 학생의 이름까지 알 수 있었던 비결은 김 학교장의 관심 덕분이다. 김 학교장은 틈틈이 깜짝 간식을 준비하여 학급에 방문하여 아침에 보았던 몇몇 학생에 대해서나 교사의 어려움을 묻고, 교사들의 수고를 인정해주었다. 이때 초임교사, 통합학급 교사, 특수교사 등에게 주는 '깜짝 선물'은 더 풍성하다. 김 학교장은 교사와의 간단한 대화 후 언제나 하이파이브로 끝인사를 한다.

김 학교장은 장애이해교육을 포함한 모든 연수에 교사와 함께 참여하였고, 교사들의 공개 수업 참관 후 모든 다양한 수준 학생들의 수업 참여에 대한 관심을 피드백으로 제공하였다.

김 교장은 교사들의 아이디어가 교육적이라 여겨지면 언제나 행정적인 지원을 다하였다. 특수교사가 장애학생과 일반학생이 함께 외부로 나가는 봉사활동을 제안하였을 때도 특수교사의 지도 능력을 믿고 허락해주었다. 외부 연구원이 일반교사와 함께 통합교육을 위한 팀티칭을 제안하였을 때 역시 흔쾌히 허락하였으며, 외부 연구원이 학교에서 잘 어울릴 수 있도록 학년 회식 자리를 마련하였다. 학년 초 학년별 간담회에서 학년 수준의 '긍정적 행동지원'(positive behavior support, PBS)을 수행해보고 싶다는 교사들의 제안에 관리자 운영비의 일부로 재정적 지원을 제공하였다. 모든 교사는 학교관리자가 특수교육대상 학생을 포함한 모든 학생의 수업 참여와 수업의 질을 중요시하며 교사를 지지하고 있다는 것을 알게 되었다.

학교관리자 영역 지표 실행 사례 3: 즐거운 교장실

*** 관련 지표: '지표 8-개별적 지원 요구 학생에 대한 관리와 지원'**

C학교에서는 매일 아침 등교 시간마다 학교장이 교문 앞에 서서 아이들을 맞이하며 한 명 한 명 머리를 쓰다듬어주신다. 덕분에 학생들은 교장 선생님이 우리들을 사랑하시는 것 같아 좋다는 표현을 자주 한다. 무엇보다 C학교 학교장은 특수교육대상 학생을 포함하여 정서적 지원이 필요한 학생들과 가정에서의 돌봄이 부족한 학생들의 이름과 개인적인 지원 사항을 파악하여 등교 시간부터 유심히 관찰한다. 학교장은 복도에서 인사 잘하는 학생, 바르게 걷는 학생, 선생님께 추천 받은 학생들을 교장실로 초대하여 간단한 간식과 칭찬을 해주곤 하는데, 이때 '정서적 지원'이 필요한 학생들을 자연스럽게 불러 요즘 관심사는 무엇인지, 교장 선생님께 자랑하고 싶은 것은 무엇인지 등을 물으며 더 많은 칭찬과 격려를 해주신다. 영어 인증을 위한 말하기 시험도 교장실에서 직접 진행하면서 시험에 통과한 학생 하나하나 칭찬하고 격려해주신다. 특수교육대상 학생이나 학습에 어려움을 갖고 있는 학생도 영어 인증 시험에 통과할 수 있도록 목표를 조금 수정해주거나 시험 문제 수를 줄여주어 '수정된 목표'에 맞추어 적극적으로 참여할 수 있도록 독려해주신다.

3. 영역 I: 학교관리자 지표 실행을 위한 참고자료

관련 기관

여성·학교 폭력 피해자 one-stop 지원센터: 전국 권역별로 설치, 운영되고 있으며, 의료, 상담, 수사, 법률 지원 가능

해바라기아동센터: 만 13세 미만 성폭력 피해 아동이나 장애인 지원 병행으로 전국 권역별 설치 운영

117 학교 폭력 신고 센터: Wee센터, 경찰청, 1388을 통합한 신고 센터

1388 청소년상담복지센터의 CYS-NET: 전국 시, 구, 군별 설치 위기 청소년 지원

단행본 자료

김다현, 임성숙, 정석환(2013). 학교폭력의 예방과 대책. 서울: 동문사.

김종운(2013). 학교폭력의 예방과 대책. 서울: 학지사.

Causton, J. & Theoharis, G.(2013). *The principal's handbook for leading inclusive schools*. Baltimore: Brookes.

논문 자료

김수연, 최하영(2019). 일반교육 주도의 학교재구조화 운동과 장애학생 통합교육의 관계 탐색. 교육문화연구, 25(1), 27-48.

이희연, 표윤희, 김경양(2017). 중도중복장애학생 특수학급에 대한 일반학교 관리자의 인식 및 관리경험에 대한 질적 연구. 특수교육, 16(2), 111-133.

박은혜, 이대식, 진창원(2016). 한국 통합교육정책의 효과와 개선방안에 관한 교사, 학교 관리자, 학부모 인식 비교. 특수교육학연구, 51(1), 101-128.

황현주, 박승희(2006). 일반초등학교의 통합교육 실행에서 학교관리자의 역할. 정서·행동장애연구, 22(4), 47-79.

관련 앱 및 인터넷 자료

굿바이 학교 폭력: 학교 폭력 예방 앱 및 온라인 프로그램

학교폭력지원단(http://www.jikim.net)

프로그램 자료

수도권 지역이라면, 학기 초 통합학급 교사가 모두 모여 특별한 장애 체험 활동을 경험할 수 있다. [어둠 속의 대화](www.dialogueinthedark.co.kr)는 통합교육 연수 이수로 대체하기에 충분한 프로그램이다.

5장

특수교사의 역할 목록과 역할 수행 지침

1. 영역 II: 특수교사 지표 11부터 지표 24까지 역할 목록

● 특수교사 지표 14개(지표 11-지표 24) ●

[지표 11] 개별화된 진단 평가
[지표 12] 개별화교육계획(IEP) 수립
[지표 13] 개별화교육 실행
[지표 14] 학생의 진보에 대한 평가
[지표 15] 개별적 지원 요구 학생에 대한 지원 노력
[지표 16] 특수교사의 긍정적 행동지원
[지표 17] 특수교사의 전문성 신장
[지표 18] 다양성 수용의 학교 문화를 위한 프로그램 실시
[지표 19] 의미 있는 수업 참여를 위한 교수적 수정 지원
[지표 20] 교사 간 관계 형성 노력
[지표 21] 통합교육 실행에서 갈등중재
[지표 22] 교사와 학부모 간 정기적 협의
[지표 23] 생활 지도를 위한 관련인 간 협력
[지표 24] 특수교육대상 학생에 대한 긍정적 태도 형성

지표 11 개별화된 진단평가

특수교사는 개별 특수교육대상 학생에게 적합한 교육진단(예: 다양한 정보 수집, 적합한 검사 실시 및 해석)을 실시한다.

지표 11 선정 배경 및 중요성

개별화된 교육진단평가는 교수-학습 활동이 시작되기 전 교육계획 수립을 위해 요구되는 것으로 학생들의 '현행 수행 수준'을 파악하기 위해 실시한다. 특수교사는 교육진단평가 과정을 통해 학생의 학습 및 행동의 현재 수행 수준을 파악하고 이를 개별화교육계획(individualized education plan, IEP) 수립을 위한 기초 자료로 활용하게 된다. '개별화교육지원팀'에서는 교육진단평가를 통해 얻어진 정보를 기반으로 특수교육대상 학생을 위한 '장·단기 교육목표'를 설정하게 된다. 이에 특수교사는 교육계획 수립 이전에 개별 학생들에게 적합한 교육진단평가 도구와 체계적인 절차를 적용하여 교육진단평가를 실시하여야 한다.

지표 11 실행을 위한 역할 목록 및 지침

11-1. 특수교사는 교육진단평가를 위한 표준화 검사 도구의 종류와 검사 방법을 숙지한다.

- 교육진단평가를 위한 다양한 검사 도구 구비
- 표준화 검사 도구의 용도와 실시 절차 및 방법 숙지
- 학생의 검사 영역에 맞는 적합한 표준화 검사 도구 선정 (예: 읽기, 사회성 등)
- 표준화 검사 도구를 사용한 진단평가 실시 및 검사 결과의 교육적 해석
- 표준화 검사 도구의 제한성을 고려한 부가적인 평가 실시 (예: 관찰, 면담 등)
- '특수교육대상자 적격성 판정'을 위한 표준화 검사는 특수교육지원센터로 의뢰

11-2. 특수교사는 특수교육대상 학생의 특성을 고려한 비표준화된 평가 도구를 고안하여 사용한다.

- 현행 수행 수준 평가를 위한 교사 제작 평가도구 및 실시
  (예: 체크리스트, 관찰 행동 발생 표기표 등)
- 생활영역의 기능적 기술 목록(list of functional skills)을 통해 각 영역에서 현행 수행 수준 평가 실시
  (예: 자기 관리 및 가정 생활, 학교 생활, 지역사회 생활 등)
- 개별 학생의 평가 결과에 대한 교육적 해석 및 교수목표 추출

11-3. 특수교사는 특수교육대상 학생의 교육진단평가를 위해 다양한 자료를 수집한다.

- 다양한 환경에서 학생 행동 관찰 실시 후 자료 수합
  (예: 수업 시간의 과제 수행 방해 요인, 쉬는 시간에 또래와의 상호작용 관찰 등)
- 특수교사, 통합학급 교사, '특수교육 보조인력' 및 학부모 등 다양한 인적 자원을 활용하여 여러 가지 다른 상황과 맥락에서 학생 관찰, 자료 수집 및 면담 실시

> '특수교육 보조인력'이란?
>
> 「장애인 등에 대한 특수교육법」 시행규칙 제5조(보조인력의 역할 및 자격)에 근거하여 교사의 지시에 따라 교수, 학습활동, 신변처리, 급식, 교내외 활동, 등하교 등 특수교육대상 학생의 교육 및 학교 활동에 대하여 보조 역할을 담당하는 인력을 의미. 특수교육 보조인력은 '특수교육 보조원'으로 일반적으로 지칭되며 지역마다 호칭이 다양하다(예: 특수교육실무원 등). 봉사 위촉직인 특수교육 자원봉사자, 사회복무요원 등도 포함될 수 있다.

11-4. 특수교사는 특수교육대상 학생의 교육진단평가 결과를 공유하고 교육계획 수립 및 교수목표 선정에 반영한다.

- 교육진단평가 결과를 담임교사 및 학부모와 공유
- 교육진단평가 결과를 기반으로 교육계획 수립과 교수목표 선정에 반영

지표 12 개별화교육계획(IEP) 수립

특수교사는 특수교육대상 학생 개개인에게 적합한 개별화교육계획을 수립한다.

지표 12 선정 배경 및 중요성

모든 특수교육대상 학생들은 개별화교육계획(IEP)에 기초하여 교육을 받으며, IEP는 교육적 및 법적인 문서에 해당된다. 개별화교육에 대한 법적 근거는 「장애인 등에 대한 특수교육법」 제2조에서 “각 급 학교의 장이 특수교육대상자 개인의 능력을 계발하기 위하여 장애 유형 및 장애 특성에 적합한 교육목표, 교육방법, 교육내용, 특수교육 관련 서비스 등이 포함된 계획을 수립하여 실시하는 교육”으로 규정하고 있다. IEP는 특수교육대상 학생에게 적절한 ‘개별화교육’을 제공하기 위한 문서이며 동시에 교육실행을 위한 법적 서면 장치로서 교육목표부터 평가까지 교육의 전 과정을 포함하고 있다. IEP에는 특수교육대상 학생의 ‘연간 및 학기별 학습목표’가 포함되고, 그 목표 달성을 위한 서비스의 종류와 범위가 결정되어 반영된다. 또한 교육활동에 대한 학부모와 전문가 사이의 의사소통을 증진시키는 통로가 되는 법적 근거가 있는 교육적 문서라는 측면에서 특수교육 실행 과정 중 가장 중요한 서면적 절차 중 하나이다.

지표 12 실행을 위한 역할 목록 및 지침

12-1. 특수교사는 개별화교육운영위원회를 개최하여 특수교육대상 학생의 교육적 요구와 지원을 파악한다.

- 매 학년 시작일로부터 2주 이내에 개별화교육지원팀 구성
- 개별화교육지원팀 회의를 위한 안내 및 회의 일정 잡기
- 개별화교육지원팀 회의를 위한 기초 조사서 작성(교육 진단평가 내용 반영)
- 개별화교육지원팀 회의 운영
- 개별화교육지원팀 회의록 작성 및 검토

12-2. 특수교사는 개별화교육지원팀이 개별화교육계획을 작성하도록 관련 업무를 지원하고 조정한다.

- 개별화교육지원팀 회의 내용을 기반으로 개별화교육계획 초안 작성
- 특수교육대상 학생의 배경 정보 기술
- 특수교육대상 학생의 현행 수행 수준 기술
- 특수교육대상 학생의 장·단기 목표 기술
- 특수교육대상 학생의 교육내용과 교육방법 기술
- 특수교육대상 학생의 목표 달성을 위해 필요한 특수교육 관련서비스 기술
- 특수교육대상 학생의 일반학급 수업 참여 교과목이나 정도 및 지원 방향 기술
- 교육 평가를 위한 절차와 방법 기술
- 부모에게 정기적으로 목표달성 정도를 전달하는 방법 진술

지표 13 개별화교육 실행

특수교사는 특수교육대상 학생 개개인의 교육적 요구에 맞는 교육을 실시한다.

지표 13 선정 배경 및 중요성

특수교사와 통합학급 교사는 개별화교육계획(IEP)을 바탕으로 대상 학생에게 적합한 교수를 제공해야만 한다. IEP 내용이 효과적으로 실행되기 위해서 특수교육대상 학생에게 적용할 수 있는 교육과정으로 재구성하고 효과적인 교수-학습 방법, 다양한 정보 수집을 활용한 평가가 실행되어야 한다. 특수교육대상 학생을 위한 양질의 교육을 제공하기 위해서 IEP의 실천은 특수교육 실행에서 가장 중요한 핵심 과제라고 할 수 있고 이에 특수교사는 IEP와 실제 교수-학습 활동과의 연계를 위한 전문적 지식과 실행 능력을 갖추어야 한다. 개별화교육을 '일대일 교수'로 혼돈해서는 안 되고 개별화교육을 실행하기 위해선 전체집단 교수, 소집단 교수 및 일대일 교수 모두가 포함된다.

지표 13 실행을 위한 역할 목록 및 지침

13-1. 특수교사는 개별화교육계획을 기반으로 구체적인 교육활동 계획을 수립한다.

- IEP 기반의 월별 교육활동 계획 수립
- 주별 교육활동 계획 수립
- 성취 목표 달성에 적합한 활동 선정 및 개발
- 교수-학습 활동 참여의 최대화를 위한 효과적인 전략 개발 및 적용
- '일반교육과정 접근'을 최대화할 수 있는 활동 계획
- 학생의 사회·정서 및 행동 관련 지도 계획 수립
- 교육활동에 적합한 교재·교구 개발, 구입 및 배치
- 교육활동 계획 시 통합학급 교사의 의견 수렴 및 협의 진행

- 학부모와 교육활동 내용 공유
- 교육활동 실행을 위해 필요한 지원인력의 계획 및 배치

13-2. 특수교사는 교육활동 계획에 따라 교육활동을 실행한다.

- 특수교사는 교수할 내용과 학생의 학습양식과 특성에 적합한 교수 전략 선정
- 교육활동 계획에 따른 교수-학습 활동 실행 및 조정
- 교수-학습 활동 시 학생의 개별적 특성을 반영한 교재·교구 활용
- 개별 학생의 개인적 선호, 특수교육 요구 및 특성에 적합한 '강화 전략' (reinforcement strategies) 선정 및 적절한 적용

13-3. 특수교사는 교육활동에 대해 평가하고 이를 추후 교육활동 계획에 반영한다.

- 교수-학습 활동 과정과 관련된 평가를 실시하여 교수전략의 적절성 검증 및 수정
- 개별 학생의 교육 성취도를 평가하여 이후의 교육활동 계획 수립에 반영
- 개별 학생의 성취도 평가 시 통합학급 교사와 협의하여 함께 실시
- 통합학급 교사 및 학부모와 개별 학생의 교육 성취도 평가 결과 공유

지표 14 학생의 진보에 대한 평가

특수교사는 학생의 목표 도달 정도를 파악할 수 있는 적합한 평가를 실시한다.

지표 14 선정 배경 및 중요성

개별 학생의 발달과 진전 여부를 파악하기 위해서 주기적이고 다양한 정보 수집을 활용한 평가를 실시하여야 한다. 평가 결과를 기반으로 추후 대상 학생을 위한 교육계획을 조정하고 재수립할 수 있다. 평가는 교사와 학교가 학생에게 얼마나 충실하게 교육을 제공하였는가를 설명하는 중요한 단계로서 학교교육의 책무성을 확인할 수 있는 근거로 활용될 수 있다. 특수교사는 개별 학생의 특수교육 요구의 성격과 장애 특성을 고려하여 적절한 평가 계획을 세워야 하고 평가에서 배제되지 않도록 적절한 지원을 제공하여야 한다. 특히, 표준화된 평가 실행에 어려움이 있는 경우 '평가 수정'과 '대안 평가'를 실시한다. 최근 활동 중심의 수행평가를 통해 특수교육대상 학생의 평가 참여가 확대되고 있어 특수교사들은 특수학급만이 아닌 '통합학급에서의 평가'를 위한 지원을 제공할 수 있어야 한다.

지표 14 실행을 위한 역할 목록 및 지침

14-1. 특수교사는 학교 단위 학업성적관리위원회를 통해 특수교육대상 학생 평가 기준을 마련한다.

- 특수교육대상 학생을 포함한 학교 평가 관리 방법 및 기준 수립
- 특수교육대상 학생에 대한 평가 수정 및 대안 평가 실시 여부 결정
- 학교교육과정 내에 특수교육대상 학생 평가 기준 명시
- 학기 초 특수교육대상 개별 학생별 평가 방법 및 절차 등을 안내

14-2. 특수교사는 특수교육대상 학생의 특성을 고려한 평가 계획을 수립한다.

- 특수교육대상 학생에 대한 평가 시기, 평가 방법 및 평가 기준 제시
- 개별화교육계획서에 개별 학생별 평가 시기, 방법 및 기준 기재
- 통합학급 교사와 대상 학생 평가 계획 수립에 관한 의견 수렴 후 합의

14-3. 특수교사는 평가 계획에 따라 평가를 실시하고 기록한다.

- 평가 계획에 따라 개별화된 평가 실시

- 개별 학생의 평가 결과의 누가 기록

14-4. 특수교사는 평가 결과를 공유하고 다음 교육활동 계획 수립에 반영한다.

- 학교 성적 발송 시기 성적표 발송
- 통합학급 교사와 학생 평가 자료 공유
- 평가 결과를 차기 교육활동 계획 수립 시 반영

지표 15 개별적 지원 요구 학생에 대한 지원 노력

특수교사는 특수학급에 입급되지 않았지만 개별적 지원이 요구되는 학생을 지원한다.

지표 15 선정 배경 및 중요성

특수교육요구 학생을 위한 '예방적 차원'의 지원은 특수교육대상자로 진단받은 학생을 지도하는 것만큼이나 중요한 부분이다. 교육청 차원에서 장애위험 학생의 조기 선별·지원 체제를 구축하여 장애위험을 지닌 학생들에게 조기에 적절한 교육적 지원을 제공할 수 있다. 특수교사는 통합학급 교사와의 협의과정을 통해 장애위험을 보이는 학생이나 특수교육요구 학생이 지원을 제공받을 수 있도록 지원하며 일반교사에게 해당 학생들의 지원 방향에 관하여 안내할 수 있다.

지표 15 실행을 위한 역할 목록 및 지침

15-1. 특수교사는 개별적 지원이 요구되는 학생에게 필요한 경우 지원을 제공한다.

- 특수교사와 통합학급 교사 및 학부모와 협력적인 관계 형성

- 대상학생의 전반적 요구를 고려한 교육지원 방안에 대한 자문 제공
- 통합학급 교사와의 정기적인 교육협의 시간 운영
- 대상학생의 교육적 요구가 지속적으로 심화될 경우, 특수교육대상자로 의뢰되는 절차에 대해 특수교사는 학부모 및 통합학급 교사를 안내하고 함께 협의

15-2. 개별적 지원이 필요한 학생을 지속적으로 관찰하고 통합학급 교사에게 자문을 제공한다.

- 통합학급 교사를 통해 대상 학생의 학습 과정을 확인할 수 있는 자료 수집
  (예: 관찰일지, 지필검사자료, 포트폴리오 등)
- 교육적 진보 과정의 주기적 점검 및 추후 장애 진단 의뢰 여부 상담 및 확인
- 대상 학생에게 요구되는 교육적 지원(예: 일반교육과정에 의미 있게 참여하기 위한 '교수적 수정' 방안, 행동 지도 등)에 관한 자문 제공

'교수적 수정'이란?
일반학급의 일상적인 수업을 특수교육 요구가 있는 학생의 수업 참여의 양과 질을 최적합한 수준으로 성취시키기 위해서 교수 환경, 교수적 집단화, 교수 방법(교수 활동, 교수 전략 및 교수 자료), 교수 내용, 혹은 평가 방법에서 수정 및 보완을 하는 것으로 정의한다(박승희, 1999, p.35).

지표 16 특수교사의 긍정적 행동지원

특수교사는 통합학급 내 필요한 긍정적 행동지원 전략에 대해 통합학급 교사와 상의하고 행동지원 정보를 제공한다.

지표 16 선정 배경 및 중요성

통합교육 실행에서 통합학급 교사들은 특수교육대상 학생의 장애 유형이나 정도보다는 '문제행동' 유무가 통합교육 성공에 결정적 요소로 인식하고 있다. 특히, 통합학급 교사들은 문제행동을 관리하고 지원하는 전략에 대한 정보가 부족할 뿐 아니라 행동지원 전략의 수립 및 실행 시 교실 상황에서의 일관된 실행에 어려움을 보이는 경향이 있다. 문제행동 지도는 특수교육대상 개인 학생만이 아닌 학교 차원과 학급 차원의 문제행동 예방 및 처치의 노력이 함께 진행되는 것이 효과적이다. 특수교사는 학교 내 모든 구성원의 협력과 종합적인 지원을 유도하고 학교 내 모든 학생의 행동지원을 통해 긍정적인 학교 문화 조성에 기여하여야 한다.

지표 16 실행을 위한 역할 목록 및 지침

16-1. 특수교사는 문제행동을 다루기 위한 방안으로 긍정적 행동지원에 대해 교직원 연수를 실시한다.

- 문제행동에 대한 관점과 문제행동의 기능성 이해를 위한 연수 실시
- '긍정적 행동지원'(PBS)의 기본 철학과 개념 및 실시에 대한 연수 실시

> '긍정적 행동지원'이란?
> 문제행동에 대한 생태학적 접근으로 문제행동의 기여 요인과 처치 방안을 다차원적으로 이해한다. 특정한 한 프로그램이 아닌, 개인 및 사회적

으로 의미 있는 학생 행동의 변화를 목적으로 한다. PBS는 효과적이고 긍정적인 환경을 조성하고 개인 학생뿐 아니라 학교, 가족 및 지역사회의 역량을 향상시키고 긍정적인 처치 전략을 적용하여 문제행동의 단순 감소가 아닌 학생의 삶의 질 향상을 추구하는 체계적인 방법을 칭하는 포괄적인 접근이다.

16-2. 특수교사는 통합학급 교사와 특수교육대상 학생의 문제행동에 대한 정보를 공유한다.

- 특수교육대상 학생의 문제 행동의 유형, 특성, 문제행동 발생에 기여 요인 및 지원 방법에 대한 정보 제공
- 통합학급 교사 및 특수교육 보조인력과 협력하여 다양한 환경에서 학생의 문제행동 관찰 및 정보 수집
- 부모와 협력하여 가정에서의 문제 행동에 대한 정보 수집

16-3. 특수교사는 학생의 문제행동 기능을 파악하기 위해 '기능 분석'을 실시한다.

- 기능 분석(functional analysis) 실시 가능성 점검
  (예: 교내외에서 행동지원에 대한 컨설팅 요청이 가능한지 점검)
- ABC(antecedent-behavior-consequences, 선행사건-행동-후속결과) 기능 분석을 위한 관찰 실시
  (예: 비디오 촬영 또는 보조인력을 활용한 직접관찰)
- 문제행동을 일으키는 원인, 발생의 기여요인 또는 문제행동을 통해 얻게 되는 목적이나 기능이 무엇인지 파악
- 교사나 또래의 관심끌기, 선호하지 않는 과제나 사람으로부터의 회피, 선호하는 물건 갖기, 물건이나 활동에 대한 통제 의도 등등에서 주요 목적이나 기능 분석

'기능 분석'이란?

기능 평가를 통해 밝혀진 선행 사건과 후속 결과를 조작해서 새로운 조건들을 만들고 각각의 조건에서 문제행동이 어떻게 나타나는지를 분석함으로써 기능 평가에서 도출된 가설들이 옳은지 틀리는지를 검증하는 것을 의미한다. 예를 들면, 수민이가 보이는 스스로를 할퀴는 자해행동의 기능이 어려운 과제의 회피나 관심으로 인한 것이라는 기능 평가의 가설을 검증하기 위해 쉬운 과제와 어려운 과제별로 무관심과 관심을 주는 조건 하에 문제행동의 빈도를 측정하여 문제행동의 기능을 명확하게 파악한다.

16-4. 특수교사는 특수교육대상 학생의 문제행동에 대한 긍정적 행동지원 계획을 수립하고 실행한다.

- 학급 내에서 실시할 수 있는 보편적 지원 전략 수립
  (예: 학급 규칙 만들기, 또래 관계 증진 전략 등)
- 문제행동의 기능 분석 결과를 토대로 통합학급 교사와 협력하여 통합학급 차원 행동지원 및 개별화 행동지원 전략 수립
- 개별화교육계획(IEP)에 행동 중재 전략 및 지원 방법 기재 및 관리
- 통합학급 교사와 협력하여 행동지원 전략 관련 정보 공유 및 실행
- 통합학급에서 행동지원 전략이 일관적으로 실행되도록 보조인력 배치
- 문제행동 지원을 위해 보조인력 대상 사전교육 제공 및 지속적인 모니터링 실시
- 통합학급 교사와 협력하여 가정과 연계한 행동지원 전략 실시

16-5. 특수교사는 긍정적 행동지원의 실행 효과에 대해 평가하고 그 평가 결과를 다음 계획 수립에 반영한다.

- 긍정적 행동지원을 통한 문제행동의 변화 양상을 표나 그래프로 나타내어 효과성 평가
- 학부모와 협력하여 특수교육대상 학생의 가정 내 행동 변화 평가
- 긍정적 행동지원의 효과를 보지 못한 경우 지원 전략 수정

지표 17 특수교사의 전문성 신장

특수교사는 통합교육 전문성 신장을 위해 자기 계발에 노력한다.

지표 17 선정 배경 및 중요성

학교교육의 질 향상 문제가 대두되면서 교사의 '전문성 향상'의 중요성이 강조되고 있다. 일반적으로 교사의 전문성 영역으로 대표되는 것은 교과 지도와 생활 지도이다. 그러나 특수학급 교사의 경우는 특수학교 교사나 다른 일반교사와는 구별되는 '통합교육 실행' 능력이 중요하게 포함된다. 통합교육 실행 능력은 특수학급 교사가 갖추어야 하는 중요 역량이며 전문성에서 독특성을 갖는 영역이라 할 수 있다.

특수학급 교사는 통합교육 실행의 중추적 역할을 담당한다는 인식을 가지고 특수교육대상 학생의 사회, 교육과정 통합을 촉진할 수 있는 다양한 지원 전략을 알고 실행할 수 있어야 한다. 특수교사는 공식적 재교육 기회로서 다양한 직무 연수에 참여할 수 있으며, 비공식적 자율적 학습 기회로서 동료 교사들과의 학습공동체 구축과 연구와 정보 교환을 통해 통합교육의 질 향상을 위한 전문성을 신장할 수 있다. 또한 학교관리자는 통합교육 실행의 적합한 질 보장을 위한 전문성 향상의 기회를 지속적으로 제공하여야 한다.

지표 17 실행을 위한 역할 목록 및 지침

17-1. 특수교사는 공식적으로 제공되는 전문성 향상 과정에 참여한다.

- 통합교육 관련 직무 연수 참여
- 통합교육 관련 자율 연수 참여
- 통합교육 관련 컨설팅 장학 실시
- 통합교육 관련 교사 연구회 활동

17-2. 특수교사는 비공식적으로 제공되는 전문성 향상 과정에 참여한다.

- 통합교육 관련 자료 수합 및 서적 활용
- 동료 특수교사를 통해 통합교육 실행 관련 교수자료 공유
- 통합교육에 열의가 있는 동료 교사들과 통합교육 관련 학습공동체 결성 및 연구 수행

지표 18 다양성 수용의 학교 문화를 위한 프로그램 실시

특수교사는 학교 전체의 다양성을 수용하는 분위기를 만들기 위해 구체적인 프로그램을 구성하여 제공한다.

지표 18 선정 배경 및 중요성

교육의 목표는 모든 학생들이 자신의 잠재 역량을 최대한 개발하여 보다 나은 삶을 살 수 있도록 지원하는 것이고 이는 특수교육대상 학생에게도 동일하다. 통합교육의 성공적 실행을 위해서는 무엇보다 학교 전체가 학생의 다양성을 인정하고 수용하는 문화를 지니고 있어야 한다. 이러한 문화 형성을 위해서는 학교의 모든 구성원들의 인식 변화가 첫걸음이 된다. 이에 특수교사는 학교 구성원들이 장

애를 개인의 다양성의 하나로 인식하고 존중할 수 있도록 프로그램을 개발하고 일회성 실행이 아닌 지속적인 실행을 위해 노력하는 것이 중요하다.

지표 18 실행을 위한 역할 목록 및 지침

18-1. 특수교사는 장애이해교육을 실시한다.

- 모든 학생에게 각자 자신을 이해하는 '자기이해 교육' 실시
- 일반학생과 장애학생이 서로에 대한 '쌍방 이해'가 중요한 것임을 교육
- 일반학생의 '교육과정 내'에 자연스럽게 삽입된 장애이해교육 실시
- 일반학생의 연령, 인지·정서적 발달 수준 및 흥미를 고려한 장애이해교육 내용 개발
- 장애학생과 일반학생의 차이점보다는 '공통점'에 초점을 맞춘 내용 개발
- 개인의 다양한 배경 특성들 중 하나가 '장애'임을 교육(장애학생에게는 자신에게 장애 이외에 여러 가지 다양한 다른 특성이 있음을 알려줌)

18-2. 특수교사는 장애이해교육 및 통합교육 관련 내용을 학교신문, 가정통신문을 활용하여 알린다.

- 학생 혹은 학부모 등 대상자에 맞는 장애이해교육 및 통합교육 관련 인식 개선 내용 개발 및 효과적인 공유 방안 마련
- 학교신문 및 가정통신문을 통해 통합교육의 실제 활동 정보, 참여자들의 반응 및 성과의 신속한 전달

18-3. 특수교사는 통합학급의 '친구 초대 기회' 등을 통해 특수학급이 모든 학생을 위한 공간이 되도록 개방한다.

- 특정 요일에 특수학급을 개방하여 일반학생이 특수교육대상 학생의 또 하나의 교육 환경을 공유할 수 있는 방안 마련
(예: 친구 초대하기, 특수학급의 날 등 운영)

- 획일적인 특수학급 환경이 아닌 교사의 교육 철학이 반영된 학생 친화적 특수학급 교실 조성
  (예: 따뜻한 분위기를 느낄 수 있는 교실 환경 혹은 함께 즐길 수 있는 놀이 도구 구비 등)
- 특수학급을 '통합동아리'(장애학생과 일반학생이 함께 참여하는 동아리) 활동 장소로 활용

지표 19 의미 있는 수업 참여를 위한 교수적 수정 지원

특수교사는 통합학급에서 진행되는 수업의 목표와 내용에 있어 특수교육대상 학생이 일반학생과 최대한 동일하거나 비슷한 수업 활동에 참여하도록 지원한다.

지표 19 선정 배경 및 중요성

통합교육의 성공적 실행을 위해서 특수교육대상 학생은 통합학급에서 유의미한 학습 경험을 가져야 하며 이 과정에서 대상 학생을 고려한 교육 전반의 수정은 필수적이다. 특수교육대상 학생의 수업 참여의 양과 질을 최대화하기 위해서 교수 환경, 교수적 집단화, 교수 방법(교수 활동, 교수 전략 및 교수 자료), 교수 내용 혹은 평가 방법을 수정 및 보완하는 것을 '교수적 수정'이라 한다(박승희, 1999). 효과적인 교수적 수정을 적용하기 위해서 특수교사는 통합학급 교사에게 교수적 수정 개념과 절차 및 방식에 관한 자문을 제공하고 특수교육대상 학생이 참여하는 통합학급 수업에서 이 학생의 수정된 학습목표 상호협의와 수업에서 적용할 교수활동, 교수전략이나 교수자료에 대해 구체적 조언이나 도움을 제공할 수 있어야 한다. 또한 협력교수를 통해 통합학급 내에 있는 특수교육대상 학생을 위한 실질적인 교수 지원을 제공할 수 있다.

지표 19 실행을 위한 역할 목록 및 지침

19-1. 특수교사는 통합학급 교사에게 특수교육대상 학생을 통합학급 수업에 참여시키기 위한 교수적 수정에 대한 이해와 전략을 자문하거나 교수적 수정을 시범적으로 제공한다.

- 특수교사가 부장교사 및 통합학급 교사가 함께 논의할 수 있는 '통합교육지원팀'(가칭)을 구성
  (예: 연구부장 교사, 통합학급 교사, 특수교사, 교과 전담 교사 등)
- 팀 구성원들에게 통합학급에 특수교육대상 학생이 통합되었을 때, 일반학생의 수업과는 별개의 활동에 참여하는 것이 아니라 진행되는 수업에 일반학생과 함께 '최대한 의미 있게 참여'하는 것('교육과정적 통합')의 중요성 설명
- 팀 구성원들은 매 학기 초와 말에 '교수적 수정' 실행 계획을 수립하고 정기적으로 교과목별 평가를 통하여 지속적인 수정 보완
- 교수적 수정 절차의 실행

  ① 교수적 수정이 필요한 교과 및 영역 선정: 특수교육대상 학생의 특성과 현행 수행 수준을 기초로 교수적 수정이 필요한 교과, 영역 및 차시 등 선정

  ② 특수교사의 교수적 수정 협력적 자문: 선정된 교과 및 해당 차시와 관련하여 교수 학습 모형을 재구성하는 등의 교수적 수정에 대한 통합학급 교사의 일반교육과정 전문성과 특수교사의 전문성을 활용한 협력적 자문

  ③ 통합학급 교사의 교수적 수정 실행: 교수적 수정이 반영된 수업안을 중심으로 통합학급 교사의 수업 진행

  ④ 교수적 수정 실행 후 평가: 교수적 수정이 특수교육대상 학생과 일반학생 모두에게 도움이 되었는지, 교과 차시의 목표 달성에 타당한지 등 전반적인 평가

  ⑤ 교수적 수정의 수정 보완: 평가에서 추출된 개선 사항을 바탕으로 교수적 수정 내용 보완

19-2. 특수교사는 통합학급 수업에서 특수교육대상 학생을 위해 활용할 수 있는 교수 자료 및 학습지를 제작하여 제공한다.

- 국립특수교육원, 교육청 단위의 통합학급 지원을 위한 교수 자료 정보를 수집한 후 해당 특수교육대상 학생을 위한 수업 자료 재구성 방안 계획
- 교수 자료 제작을 위해 특수교육대상 학생이 통합되는 통합학급의 각 교과 수업의 단원 목표, 차시 목표, 수업 내용, 평가 등에 대한 정보 수집
- 특수교사와 통합학급 교사의 지속적인 공식 비공식적 의사소통을 통하여 통합학급 수업에서 특수교육대상 학생이 수업에 최대한 의미 있게 참여할 수 있는 교수 자료 및 학습지 제작

19-3. 특수교사는 통합학급 수업 시 통합학급 교사와 협력 교수를 한다.

- 특수교사와 통합학급 교사는 학기 초에 협력교수를 위한 협의회 개최 협의 내용: 협력 교수가 필요한 교과 및 영역 선정, 협력 교수 학습 모형 개발(예: 교수-지원 모형, 스테이션 교수 등), 교사별 교수 영역 선정, 수업 환경 조성 등
- 협력 교수 실행 과정 중에 수업에 관한 상호 피드백을 지속적으로 교환
- 특수교사는 학교구성원들이 협력교수에 대해 긍정적으로 인식하는 학교 문화 형성 노력
- 학교관리자는 협력 교수가 실행되도록 행정적인 지원 마련
(예: 협력 교수 시 특수교사의 특수학급에서의 수업 조정, 협력 교수 참여 교사들 간의 협의회의 시간 마련, 보조인력의 활용 등)

지표 20 교사 간 관계 형성 노력

특수교사는 학교 내 다양한 교사 모임에 적극 참여하여 교사 간 친밀한 유대 관계를 형성하고 유지한다.

지표 20 선정 배경 및 중요성

통합교육의 성공적 실행을 위해서는 교사들 간의 통합과 협력관계 형성이 필수적이다. 이를 위해 특수교사는 학교 내 공식적 및 비공식적 교사 모임에 참여하여 다른 교사들의 특수교육대상 학생에 대한 이해와 통합교육 실행을 위한 정보 공유 및 수용적 문화 형성을 도모한다. 또한 특수교사는 학교 내 공식적 의사결정 회의 및 위원회 등에 적극적으로 참여하여 교내 구성원을 대상으로 통합교육에 대한 올바른 이해와 비전을 제시하는 적극적 태도와 행동이 필요하다. 특수교사는 특수학급이나 특수교육대상 학생만을 위한 교사가 아니라 재직하는 학교의 운영과 모든 학생들의 교육에 중요하게 기여하는 한 교사임을 인식시킬 필요가 있다. 한 학교의 교사가 일반교사와 특수교사로 '이원화'되는 것을 예방하고 지양하여야 하며, 교사들 간의 통합과 긴밀한 유대 관계 형성과 유지가 통합교육의 성공적 실행에 중요한 한 변인임이 강조되어야 한다.

지표 20 실행을 위한 역할 목록 및 지침

20-1. 특수교사는 학교 운영과 관련된 공식적 회의에 참여한다.

- 학교 운영을 위한 공식적 회의 및 교내 연수 참석
  (예: 교직원 회의, 동학년 회의, 교과별 교사 회의, 통합교육 연수 등)
- 공식적 회의에서 통합교육 실행에 대한 안내 및 자료 제공
- 공식적 회의에서 통합교육 철학과 성과 설명 및 특수교사의 노고와 권익 대변

20-2. 특수교사는 학교 내 공식적 위원회에 참여한다.

- 학교 내 공식적 위원회 참여
(예: 학교운영위원회, 인사자문위원회, 교육과정운영위원회, 성적관리위원회, 학교폭력관리위원회 등)
- 공식적 위원회를 통해 통합교육 이해를 위한 정보와 의견 제시
- 공식적 위원회를 통해 통합교육을 위한 통합학급 교사와 특수교사의 권익 대변

20-3. 특수교사는 학교 내 비공식적 모임에 참여한다.

- 특수교사는 교내 교사들의 비공식적 모임에 활발히 참여함으로써 학교의 '한 교사' 구성원으로서 사회적으로 통합되고, 교사 집단이 일반교사 집단과 특수교사 집단으로 '이원화' 분류되는 것을 지양하는 데 기여
- 학교 내 다양한 비공식적 모임을 통해 교사 간 협력적인 유대 관계 형성과 유지
- 학교 내 다양한 비공식적 모임을 통해 다른 교사들에게 통합교육 실행을 위한 정보 공유

지표 21 통합교육 실행에서 갈등중재

특수교사는 통합교육 실행 및 평가 중 갈등적 요소를 확인하고 그 해결을 돕는다.

지표 21 선정 배경 및 중요성

통합교육이 성공적으로 실행되기 위해서는 학교관리자와 일반교사, 그리고 특수교사의 원활한 의사소통을 통한 긴밀한 협력 과정이 필수적이다. 그런데 통합교

육 실행 과정에 함께 참여하다 보면 관점이나 의견 차이로 인한 갈등이 불가피하게 일어날 수 있다. 갈등은 협력 관계 속에서 항상 부정적인 요소가 되지는 않는다. 중요한 것은 참여인들이 갈등에 어떻게 인식하고 반응하며 해결 방안을 찾는가의 여부이다. 실행 과정에서 통합교육 관련인들은 협력의 공통 목표가 특수교육대상 학생 교육의 질을 향상시키는 것에 있음을 항상 기억하고 이를 위한 효과적인 실행 방안을 함께 모색해야 할 것이다. 이런 과정 중에 오히려 차이나는 의견이 수렴되고 서로를 더 잘 이해하는 기회가 생길 수 있다. 특수교사는 통합교육 실행을 위한 협력 과정에서 발생할 수 있는 여러 갈등 문제들을 수시로 점검하고 해결 방안을 모색하는 '협응자' 혹은 '중재자'의 역할과 학교 내 협력적인 문화 형성을 위한 조력자 역할이 기대된다. 그러나 특수교사만이 통합교육 실행 중 발생하는 '모든' 갈등의 해결자로서 책무를 지는 것은 바람직하지 않으며, '학교 차원'에서 학교구성원 모두가 통합교육 실행에 공유된 책임감을 가지고 각자의 역할을 성실히 수행하는 것이 결정적으로 중요하다.

지표 21 실행을 위한 역할 목록 및 지침

21-1. 특수교사는 통합교육 실행 및 평가 중 다양한 통합교육 관련 인사들(예: 학교관리자, 교사들, 특수교육대상 학생과 일반학생의 학부모, 지역사회 인사, 옹호단체, 병원, 관련 서비스 관련인 등)과 의사소통한다.

- 통합교육 실행 및 평가 과정에서 참여해야 하는 인사 선정
- 각 관련인들의 참여 협조 동의
- 통합교육 실행 과정에서 기대되는 각자의 역할 수행 합의와 책임 공유
- 참여 방식은 공식적인 회의 및 비공식적인 모임으로 진행

21-2. 특수교사는 통합교육 실행 및 평가 중 통합교육 관련 인사들과 갈등적 요소가 있는지 수시로 점검한다.

- 통합교육 실행 과정에서 공식적인 실행계획 및 평가회의 시간 마련
- 효과적인 협력회의 운영 방안 마련

(예: 회의 진행 방식, 회의 중 역할 분담, 해결할 과제 파악, 진행 사항 자료 준비, 회의록 공유)

21-3. 특수교사는 통합교육 실행 및 평가 중 통합교육 관련 인사들과 갈등적 요소가 있을 때, 이를 해결하기 위한 중재자의 역할을 한다.

- 의사소통 과정에서의 갈등 발생은 협력과정으로 해결될 수 있음을 인식
- 갈등 상황에서 각자 서로 회피하지 않고 직면해서 문제 해결 시간 확보
- 문제해결 절차 실행: 문제 확인하기→해결법 산출하고 선택하기→실행하기→결과 평가하기

  ① 문제 확인하기: 현재 문제가 무엇인지 확인한다.

  ② 가능한 해결법 산출 및 선택하기: 다양한 잠재적 해결 방법들을 제시하고 각 해결 방안의 긍정적 및 부정적 측면을 서술한 후, 논의를 통해 최종 해결 방법을 선택한다.

  ③ 해결 방법을 계획하고 실행하기: 누가, 무엇을, 언제까지 할 것인지의 상세한 계획을 세운다.

  ④ 결과 평가하기: 계획한 방법이 실행되고 목표 달성되었는지를 평가한다.
- 의사소통 원칙을 세우고 적용하는 문화 형성

  ① 안건 주제를 분명히 한다.

  ② 토의 규칙을 마련한다.

  ③ 서로의 관점을 공유하고 의견을 경청한다.

  ④ 의사결정의 기준을 미리 결정한다
  (예: 다수결 혹은 모든 사람 동의).

  ⑤ 감정과 관계의 문제를 적절히 다룬다.

지표 22 교사와 학부모 간 정기적 협의

특수교사, 통합학급 교사 및 부모는 정기적인 협의 시간을 통해 정보를 공유한다.

지표 22 선정 배경 및 중요성

통합교육의 성공적인 실행을 위해 통합학급 교사를 비롯한 모든 관련 교사와 부모간의 협력은 매우 중요한 요인이다. 특수교육대상 학생에게 양질의 통합교육 제공이라는 공동의 목표를 달성하기 위해서 통합교육 실행자들은 우선 특수교육대상 학생에 관한 교육활동, 교육성과 및 교육지원에 관한 정보를 정기적으로 주고받아야 한다. 이는 통합교육의 질적 향상과 더불어 통합교육 실행에 관한 책무성을 향상시키는 기반이 될 수 있다. 학교관리자의 행·재정적 지원을 통하여 실행자들의 협력체계 구축을 위한 학교 문화를 형성해야 하고 특수교사는 특수교육대상 학생에 관한 지속적인 교육정보 공유를 위한 협의 시간 마련과 정서·사회적 관계 구축을 위한 '협력자' 역할을 맡아야 할 것이다.

지표 22 실행을 위한 역할 목록 및 지침

22-1. 특수교사는 특수학급 내에서의 활동 내용과 평가 결과 등이 정기적 및 비정기적으로 전달되도록 한다.

- IEP를 근간으로 한 특수교육대상 학생의 특수학급 교육활동과 진전도에 관한 정보 수집
(예: 포트폴리오 자료, 관찰 자료, 교육과정중심 측정 등)
- 통합학급 교사와 정기적으로(예: 월 1회 정도) 특수교육대상 학생의 교육활동 및 진전도에 관한 자료 공유
- 부모에게 특수교육대상 학생의 특수학급 및 통합학급에서의 교육활동에 관한 정보를 정기적으로 공유 및 필요시 비정기적 소통
- 통합학급 교사 및 보조인력, 관련 서비스 담당자 등에게 적절한 역할, 지식, 관련 정보, 현재 받는 치료 지원 정보 등을 요청, 전달 및 공유

22-2. 특수교육대상 학생의 약물복용을 포함한 의학적 관리에 대한 정보를 정확히 알고 학부모나 의료진으로부터 지원을 받는다.

- 특수교육대상 학생의 병원 치료 및 복용하는 약물 관련 정보 등을 수집하고 이를 교내 통합교육 실행자들과 공유(단, '개인정보'의 잠재적 유출 위험에 각별히 주의)
- '약물 복용'의 경우는 특수교육대상 학생의 복약 지도를 학교에서 '누가' 담당할지 결정 후 정확한 실행 및 정기적 점검과 확인

22-3. 학교의 모든 교사가 특수교육대상 학생이 누구인지 알고 전반적인 학교 활동에서 관심을 기울이도록 특수교사는 필요한 조치를 적시에 취한다.

- 학년 초, 또는 학기 초 전체 교사 회의를 통해 특수교육대상 학생이 누구인지 소개하고 중요한 교육활동 정보 공유
- 현장체험학습, 체육대회, 바자회 등 교내 행사 및 활동 계획 시 특수교육대상 학생의 참여도 증진 방법을 논의하여 실시

지표 23 생활 지도를 위한 관련인 간 협력

학교공동체 모두가 특수교육대상 학생의 생활 지도를 위해 협력한다.

지표 23 선정 배경 및 중요성

학생들의 기본 생활습관은 단기간의 지도로 형성되기 어려울 뿐만 아니라 관련 구성원들의 '일관된 지도'가 매우 중요한 영향을 끼친다. 특히, 특수교육대상 학생의 경우 인지, 사회·정서적 특성으로 인해 반복적인 지도와 통합학급과 특수학급을 오가는 상황에서 관련인의 일관된 반응이 일상생활 지도에서 핵심적인 부분으로 간주된다. 이에 특수교사는 학교 내 일반교사 뿐 아니라 여러 구성원들(예:

보조인력, 보건교사, 급식직원 등)이 학생의 생활 지도와 관련하여 일관되게 적용할 수 있는 지도 내용(예: 강화사용, 계획된 무관심 등)을 공유해야 한다. 또한 최근 문제시되고 있는 '학교 안전' 혹은 '학교 폭력'과 관련하여 특수교육대상 학생이 피해를 입거나 피해를 주지 않도록 유념하고 학생을 위한 지도 방안과 그 외 학교구성원들을 위한 지침 마련이 필요하다.

지표 23 실행을 위한 역할 목록 및 지침

23-1. 학교의 모든 교사, 직원, 학생, 학부모 및 지역사회 관련 인사는 일관된 방법으로 등하교 지도, 안전 관리, 기본 생활습관 형성 및 학교 폭력 방지 등을 위해 함께 협력하여 일한다.

- 학생들이 학교의 각 공간에서 지켜야 하는 기본적인 규칙들을 마련하고 이를 학생들이 이해할 수 있는 행동 용어로 구체적으로 진술하고 일관적으로 이행함

① 기본 규칙에 따라 학생들이 보여야 하는 행동을 기술할 때 모호한 표현으로 정의하지 않도록 유의
(예: '타인에 대한 존중'의 경우, 교실에서 보여야 하는 행동으로는 '다른 사람이 이야기할 때 상대방의 얼굴 보고 말하는 내용 듣기', 운동장의 경우 '다른 친구들이 놀자고 제의하였을 때 자신의 의사를 정확히 대답하기', 복도의 경우 '발소리를 크게 내지 않고 걷기' 등과 같이 교내에서 기본 규칙과 관련하여 학생들이 보여야 하는 바람직한 행동을 관찰 가능하게 제시)

② 교사들은 설정한 규칙들을 학생들에게 지도하기 전에 여러 교사들 각자가 스스로 해당 규칙들을 동일하게 이해하고 있는지를 점검하여 학생 지도 시 '일관된 지도'를 할 수 있도록 준비

③ 모든 학생들에게 관련 교과 시간들을 통해 규칙 준수의 '바람직한 예'와 '바람직하지 않은 예'들을 제시하고 역할극이나 상황극으로 해당 규칙 준수의 이해와 준수 필요성들을 함께 토의하는 시간을 통해 규칙 준수의 생활화

④ 규칙을 지키지 않았을 때 따르는 '후속조치'를 구체적으로 명시하여(예: 학급문고 먼지 닦기, 칭찬 스티커 못 받음, 자유놀이시간 제한) 학생들이 자신의 행동에 대한 결과를 예측하고 관리가 가능하도록 지도

⑤ 교내 통합교육 실행 구성원은 학생들에게 규칙들을 상기시키고 규칙을 준수하는 학생들에게 '강화제'(예: 쿠폰 보상) 등을 제공하여 그것을 사용할 수 있는 방안 마련

⑥ 학부모에게 가정통신문을 통해 생활 지도와 규칙을 준수하지 않는 행동 관련 정보를 지속적으로 제공하여 가정과 학교의 긴밀한 연계 도모

■ 학교 기반의 안전 예방 활동 실시하기

① 특수교사는 학교 구성원과 협력하여 특수교육대상 학생을 포함한 모든 학생들의 학교생활 안전 관리에 관한 구체적인 지도 방안 개발 (예: 자연재해 유형별 대비, 인적재난 대비[예: 화재], 학생안전관리[예: 교통안전, 보행자 안전, 놀이시설, 실험, 실습, 학교시설 이용], 감염병 예방, 학교 폭력 등)

② 학교 차원에서 전체 학생들에게 해당 내용을 지도하기 위한 학교 교육과정 구체화

③ 해당 내용 지도 시 '관련 교과'와 최대한 연계하여 효과 증진 (예: 교통안전 지도 시 사회과와 연계 지도)

④ 특수교육대상 학생의 학교 폭력의 경우 일반학생과 특수교육대상 학생 모두를 대상으로 예방적 지도 실시
(예: 모든 사람의 인권 중요성 교육, 괴롭히는 행동에 대한 예방적 행동 지도, 특수교육대상 학생에게 자신이 입은 피해를 신속하고 적절히 표현하는 방법 지도 등)

⑤ 학부모에게 가정통신문을 통해 학교안전관리 정보를 지속적으로 제공하여 가정과 학교의 연계 도모

지표 24 특수교육대상 학생에 대한 긍정적 태도 형성

특수학급 교사는 장애인식개선 활동을 통해 모든 학생들이 특수교육대상 학생에 대한 긍정적인 태도를 갖도록 한다.

지표 24 선정 배경 및 중요성

일반학생과 특수교육대상 학생의 친구 관계 및 우정이 교사의 의도적인 중재 없이 저절로 일어나기를 기대하기는 쉽지 않다. 따라서 특수교사가 장애인식개선(장애이해) 교육을 통해 일반학생들의 장애 및 장애학생에 대한 긍정적인 태도를 가질 수 있도록 노력을 기울여야 한다. 장애인식개선 교육은 크게 학교 차원의 전체 학생을 대상으로 한 교육과 학급 차원의 맞춤식 교육으로 구성된다. 일회적인 행사성 프로그램의 실시보다는 체계적이고 지속적인 교육이 이루어져야 한다. 별도의 장애인식개선 교육보다는 교과교육 시간에 '삽입된 형태'로 교육을 하는 것이 권고된다. 전체 학생을 대상으로 한 교육도 우선 일반학생들의 장애인식 수준을 진단하고 특수교육대상 학생들의 배경 정보(예: 연령, 장애 유형이나 정도, 휠체어 사용 여부 등)도 파악하여 개별 학생들의 배경 특성 이해를 위한 맞춤식 교육 프로그램을 구성할 필요성이 있다.

또한 일반학생들의 특수교육대상 학생에 대한 긍정적인 태도만 중요한 것이 아니라 학교 전체 및 학급 내 일반학생들 사이와 특수학급 학생들 사이에서 모두 상호존중과 서로 지원하는 '자연적 지원'(natural support)이 강조되는 학교 문화 조성이 중요하다(박승희, 홍정아, 2009).

> '자연적 지원'이란?
> 주로 지적 및 발달장애인 지원고용(supported employment) 맥락에서 고용전문가가 아닌 직무환경의 비전문가 동료나 상사로부터 받는 지원을 지칭하는 것으로 태동되었다. 장애인을 지원하는데 과도한 전문화,

전문가의 침입적인 지원 및 공식적인 서비스의 한계를 보완하고자 출현한 개념이다. 통합교육 환경에서 자연적 지원은 주로 전문가만이 아닌 장애학생이 속한 통합학교 구성원 전체가 장애학생에게 제공해줄 수 있는 지원을 의미한다. 또래들이 이동이나 노트 필기에서 지원 제공, 알림장 챙겨주기, 준비물 확인시켜주기, 급식도우미, 그룹활동에서 또래 간의 촉진, 급식실 배식사의 장애학생 음식 특성에 대한 배려 등을 포함할 수 있으며, 학생들 사이의 '사회적 유대'(social boding)를 가지게 하는 데 중요한 한 요소이다.

지표 24 실행을 위한 역할 목록 및 지침

24-1. 특수교사는 특수교육대상 학생에 대한 일반학생들의 태도를 점검하고 일반학생들이 특수교육대상 학생에 대해 긍정적 태도를 함양할 수 있도록 적합한 지원 계획을 수립한다.

- 장애인식이나 장애수용 태도를 측정할 검사 도구 사용
- 특수교육대상 학생 및 일반학생의 배경과 특성을 고려한 장애인식 교육 프로그램 구안 및 선정
- 기존에 실시하였던 장애인식개선 교육활동에 대한 학생 반응이나 효과 조사
- 장애인식개선이나 장애이해교육을 위한 교내 '교사 외 자원' 확인 (예: 학부모 중 전문가, 지역사회 장애인복지관, 지역사회 장애인 인사 등)

24-2. 특수교사는 특수교육대상 학생을 비롯한 다양한 특성을 가진 학생에 대한 인식개선 활동을 실시한다.

- 학교 전체 학생들 개개인이 가질 수 있는 장애를 포함한 다양성을

환영하고 '좋고 나쁨'의 이분적 평가가 아닌 편견 없는 사실대로 설명 (예: 북한이탈주민 가족, 문화적 언어적 다양성, 가족 형태의 다양성 등)

- 전체 학생을 대상으로 장애인식개선을 포함한 '다양성 이해교육' 실시
- 통합학급을 대상으로 통합된 장애학생 이해를 위한 다양성 이해교육 실시
- 학급문고 및 학교 도서관에 장애이해, 다양성 수용, 우정, 협동, 갈등 해결과 관련된 도서나 동영상 자료 비치 요구
  (예: 책 읽기 목록에 추가, 장애인식개선과 관련된 아동도서 표지 전시, 동영상 자료 목록 제시 등)

2. 영역 II: 특수교사 지표가 반영된 통합교육 실제 사례

특수교사 영역 지표 실행 사례 1:
함께하는 행동 지도, 수민이가 달라졌어요.

*** 관련 지표: '지표 16-특수교사의 긍정적 행동지원'**

경력 7년차 특수교사인 최 교사는 요즘 수민이의 통합교육 지원으로 바쁘다. 수민이는 자폐성장애로 진단받은 2학년 여학생이다. 수민이는 친구들을 괴롭히는 행동을 하지는 않았지만 수민의 통합학급 또래들은 수민이를 별로 좋아하지 않는 것 같았다. 그러던 중 최근 통합학급에서 문제행동이 발생하였다고 담임교사가 알려주었다.

최 교사는 수민이가 학급에서 어떻게 생활하는지 알기 위해 특수교육실무사(서울지역의 특수교육 보조인력 명칭)를 통해서 행동의 ABC(선행사건-행동-후속사건) 분석을 해보았다. 그동안 수민이는 특수교육실무사의 도움이 필요하지 않았던 아이였다. 통합학급 김 교사는 수민이가 특수학급에서 공부하다가 일반학급에 와서 공부하는 3-4교시에 특히 분주하였다. 수민이는 학습능력이 많이 떨어지지 않기 때문에 김 교사는 수민이의 수학과 한글 읽기 쓰기를 완벽하게 지도해주고 싶었다. 그래서 수업 시간에 일반학생들 진도를 나가면서 동시에 수민이에게 항상 따로 받아쓰기와 수학 연산지도를 하였다. 수민이는 잘 따라하다가도 지루하면 큰 소리로 울다가 돌아다니려고 일어났다. 그리고 수민이 때문에 점심시간이 항상 5-10분 늦게 시작되는 것에 또래들은 불만이 있었다.

최 교사는 통합학급 담임교사와 우선 교내 메신저로 협의 날짜를 잡았다. 주요 협의 내용은, 수민이의 또래관계 지원, 수민이의 통합학급 내 문제행동 지원이다. 최 교사는 ABC 관찰용지를 김 교사와 함께 보면서 수민이가 수업 시간에 울거나, 자리 이탈하는 것은 '지루한 수업'에 대한 '회피'인 것으로 분석을 하였다. 왜냐하면 자리 이탈 직전에는 항상 받아쓰기 또는 수학 학습지를 교사가 제시하거나, 틀린 글자를 반복해서 쓰게 하는 등의 지시가 있었기 때문이다. 또 수민이가 '자리 이탈'을 하면 김 교사는 할 수 없이 교실을 이리저리 돌아다니도록 그냥 두었다가 점심시간이 되면 '급식'을 먹게 하였다. 통합학급 교사도 수민이를 무척 예뻐하시고 조금만 더 공부를 시키면 잘 할 것 같은데 힘들다며 고충을 토로하였다.

최 교사는 수민이가 통합학급에서는 국어, 수학 이외의 다른 교과 공부를 해야 교육과정의 적절한 이수가 이루어진다는 것과, 또래들과의 사회적 관계 형성을 중요한 목표로 설정해야 하는 것에 대해 김 교사와 충분히 이야기를 나누고 합의하였다. 가장 먼저 통합학급 수업 시간에 수민이도 참여하여 학습할 수 있도록 '주간학습계획표'를 보고 일주일 단위로 재구성을 하기로 하였다. 통합학급 수업 시 수민이가 좋아하는 색칠하기, 놀이 활동, 만들기 활동 등이 교과수업과 연계하여 포함될 수 있도록 하였다. 주어진 과제를 완성한 학생들에게 칭찬을 제공할 때 수민이도 주어진 과제를 완성한 것에 칭찬을 받고 점심을 먹도록 하였더니, 수민이의 자리 이탈 빈도가 현저히 줄어들었다. 또한 통합학급에서 이루어지는 교육활동에 수민이가 참여하는 모습을 보면서 같은 반 친구들의 수민이에 대한 인식도 긍정적으로 변화하였다.

특수교사 영역 지표 실행 사례 2: 특수교사의 동학년 소속

*** 관련 지표: '지표 20-교사 간 관계형성 노력'**

특수학급 교사들은 새로운 학년이 시작되면 어떤 학년에 '동학년'으로 소속되어야 할지 고민하게 된다. 박 교사는 매년 특수교육대상 학생 중 통합학급과의 협력이 가장 필요한 학생의 동학년이 되도록 교감 및 동료교사와 협의한다. 동학년 회의에서는 학년 내에 편성된 교육과정 실행 및 학년 행사를 사전 계획하고 교사 간 협력을 통해 진행하기 때문에 특수교사가 동학년 회의에 적극적으로 참여하는 것은 통합교육 실행에 중요하다. 예를 들면, 박 교사는 운동회 달리기 종목을 '휠체어'를 타는 지윤이도 참여할 수 있도록 바꾸었다. 동학년 회의를 통해 일반적인 달리기를 '2인 1조 달리기'로 종목 운영 방식을 변경하여 '모두'가 참여할 수 있도록 하였다. 이 외에도 동학년 회의 시간에 일반교사들은 통합학급에서 특수교육대상 학생을 지도하면서 어려운 점에 대한 질문을 자연스럽게 하게 되고 특수교사는 특수교육대상 학생을 위한 대안적 교육 목표나 교수 자료, 또래 지원 방법 등을 자세히 설명할 수 있었다.

특수교사 영역 지표 실행 사례 4: 모든 학생을 위한 서-다-우!

*** 관련 지표: '지표24-특수교육대상 학생에 대한 긍정적 태도 형성'**

*** 관련 지표: '지표17-특수교사의 전문성 신장'**

경력 20년차인 특수교사 오 교사는 그동안 다양한 형태의 '장애인식개선 교육'(장애이해교육)을 계획하고 실시해왔다. 그러나 장애인식개선 교육이 일회성이거나 행사 위주로 이루어지는 것에 대해 아쉬움을 가지고 있었다. 오 교사는 통합교육을 위한 학생들의 태도나 학교 문화를 바꿀 수 있는 장기적이고 체계화된 프로그램을 실시하고 싶었다. 그래서 3학년 '창의적 체험 활동' 시간을 활용하여 1년 간 장애인식개선 교육을 실시할 수 있도록 학교교육과정을 수립하였다. 3학년 5개 학급을 대상으로 주 1회씩 〈서로 다른 아이들이 함께 만드

는 우정: 서·다·우〉라는 프로그램을 진행하였다. 이 프로그램은 오 교사가 창단멤버로 활동한 '서울경인특수학급교사 연구회'에서 개발한 것인데, 마침 3학년에 청각장애학생이 있어 청각장애학생에 대한 이해를 증진할 수 있는 프로그램을 추가 보강하여 실시하였다. 일반학생들도 특수교사를 '서다우 선생님'이라고 부르면서 주 1회 만나게 되는 창의적 체험활동 시간을 기다리는 모습을 보였다. 수업을 진행하는 과정에서 3학년 담임교사들과의 사전 협의와 평가를 통해 '협력교수' 형태로도 진행할 수 있었다.

1년 동안 실시된 서다우 프로그램을 통해 일반학생들의 장애학생과 통합교육에 대한 이해도가 향상되었을 뿐 아니라 협력교수 과정에 참여한 일반교사들은 서다우 프로그램이 필요한 경우 혼자서도 이러한 프로그램을 진행할 수 있을 것 같다는 의견을 보이기도 하였다. 오 교사는 장애학생 및 통합교육에 대한 이해를 증진시킬 수 있는 프로그램이 교육과정 내에 포함되어 있다면 좀 더 효과적인 장애인식개선 교육을 할 수 있겠다는 생각을 하게 되었다. 오 교사는 서울경인특수교사 연구회 모임에서 이러한 생각을 회원들과 함께 나누었다. 서울경인특수교사 연구회는 1992년부터 특수교사들이 매월 1회 정기 모임을 통해 통합교육 관련 정보나 자료를 공유하고 통합교육 실행과 관련한 자료를 개발하고 있다. 연구회 활동에 정기적으로 참여하고 있는 특수교사들은 통합교육 현장에서의 문제를 발견하고 공유하고 구체적인 해결 방법을 찾기 위한 공동의 노력을 통해 전문성 향상에 노력하고 있다.

3. 영역 II: 특수교사 지표 실행을 위한 참고자료

인터넷 자료

국립특수교육원(https://nise.go.kr)

한국통합교육연구회(http://www.inclusion.co.kr)

교육청 발행 자료

인천시교육청(2017). 정서행동장애 학생을 위한 협력체제 지원 가이드북.

지역별교육청. 초등학교 교육과정 편성 및 운영 지침.

지역별교육청. 특수교육 운영계획.

충북교육청(2014). 학교안전관리 집행계획.

단행본 자료

국립특수교육원(2016). 장애학생 평가조정 매뉴얼. 경기: 국립특수교육원.

강은영, 박윤정, 서효정, 박경옥, 최승숙 역(2019). 개별화교육계획의 모든 것. 서울: 학지사(원저자 Twachtman-Cullen, D. & Twachtman-Bassett, J. 2011. 출판).

김성천, 서용선, 오재길, 이규철, 홍섭근(2015). 교사, 어떻게 살아야 하는가: 선배들이 일러주는 초임교사를 위한 교직 가이드. 서울: 맘에드림.

김은진 역(2009). 통합교육활동 164가지. 서울: 한울림스페셜(원저자 月

森 久江. 2005. 출판).

박승희(2003). 한국 장애학생 통합교육: 특수교육과 일반교육의 관계 재정립. 서울: 교육과학사.

박승희, 최재완, 홍정아, 김은하 역(2014). 장애학생의 일반교육과정 접근: 통합학급 수업 참여 방안. 서울: 학지사(원저자, Nolet, V. & McLaughin, M. J. 2005. 출판).

박지연, 김지수 역(2018). 개별학생을 위한 긍정적 행동지원: 심각한 문제행동을 보이는 학생을 위한 개별 중재. 서울: 학지사(원저자 Riffel, L. A. 2011. 출판).

서울 경인 특수학급 교사 연구회(2013). 통합교육지원 프로그램: 서로 다른 아이들이 함께 만드는 우정. 서울: 학지사.

이대식, 김수연, 이은주, 허승준(2018). 통합교육의 이해와 실제: 통합학급에서의 효과적인 교육방법(3판). 서울: 학지사.

이범웅, 허숙(2014). 교사와 교직생활: 교육 이론과 교육 현장의 만남. 서울: 지식과 감성.

전선주, 이진, 박주리, 박소영(2012). 아하! 통합학급: 모든 이를 위한 통합교육의 실제. 서울: 학지사.

한국통합교육학회(2009). 통합교육: 교사를 위한 특수교육 입문. 서울: 학지사.

논문 자료

김정혜, 최성욱(2012). 특수학급 교사의 통합학급 교사와의 협력경험에 대한 사례 연구. 교사교육연구, 51(3), 488-506.

김희규(2010). 장애학생의 교과교육을 위한 교수-학습 방법과 평가 효율화 방안. 특수교육교과교육연구, 3(1), 57-76.

남혜진, 박승희(2014). 다양성 이해교육 프로그램이 초등 통합학급 학생들의 공감능력, 문화적 민감성 및 장애수용태도에 미친 효과. 특수교육, 13(3), 53-76.

박승희(1999). 일반학급에 통합된 장애학생의 수업의 질 향상을 위한 교수적 수정의 개념과 실행 방안. 특수교육학연구, 34(2), 29-71.

박승희(2002). 장애학생의 교육과정적 통합을 위한 일반학교의 학교수준 교육과정계획 모형. 특수교육학연구, 37(1), 199-235.

박승희, 홍정아(2009). 통합교육 환경에서 자연적 지원: 개념화와 적용에서의 쟁점. 특수교육학연구, 44 (1), 49-83

반영순, 김수연(2013). 학습자 참여 교수적 루브릭을 적용한 과학 수업이 통합학급 학생의 학업성취도와 자기효능감에 미치는 효과. 학습장애연구, 10(1), 87-108.

이영아, 박승희(2014). 협력교수를 통한 초등 통합 진로교육 프로그램이 통합학급 학생들의 진로성숙도와 학습동기에 미치는 영향. 특수교육, 13(1), 245-271.

임미빈, 박승희(2011). 초임 특수학급 교사에 대한 수업장학의 실태와 개선을 위한 제언. 특수교육, 10 (2), 55-81.

한경인, 남혜진, 이현주, 박승희(2016). 통합학급 교사와 특수교사의 장애이해 교육 실시 경험: 교사들의 장애이해는 이대로 좋은가? 특수교육, 15(4), 5-32.

교과별 진단평가 자료

기초학력향상지원사이트 꾸꾸(KU-CU) (http://www.basics.re.kr/): 한

국교육과정평가원에서 운영하는 기초학력향상지원 사이트로 기초학력 평가 자료 및 교과별 지도 자료가 수록되어 있다.

검사도구

발달지체 평정척도(DDCL: The Developmental Delay Checklist)(2010). 서울: 마인드프레스.

자폐성장애 평정척도(AUCL: The Autism Checklist)(2008). 서울: 마인드프레스.

ADHD 평정척도(ADHD: Attention Deficit and Hyperactivity Disorder Checklist)(2008). 서울: 마인드프레스.

LDST 학습장애 선별검사(Learning Disabilities Screen Test)(2015). 서울: 학지사.

6장

통합학급 교사의 역할 목록과 역할 수행 지침

1. 영역 III: 통합학급 교사 지표 25부터 지표 36까지 역할 목록

● 통합학급 교사 지표 12개(지표 25-지표 36) ●

[지표 25] 모든 학생의 학급활동 참여 촉진
[지표 26] 모든 학생에게 적합한 교육계획 수립
[지표 27] 학급규칙 수립 및 운영
[지표 28] 모든 학생에게 적합한 평가
[지표 29] 개별적 지원 요구 학생에 대한 지원
[지표 30] 개별화교육계획 수립 및 실행에 참여
[지표 31] 통합학급 교사의 긍정적 행동지원
[지표 32] 교수적 수정의 협력 및 적용
[지표 33] 통합학급 교사의 전문성 신장
[지표 34] 학생 간 상호지원 관계 형성 지원
[지표 35] 다양한 자원 활용을 위한 연계
[지표 36] 교사들의 협력과 공동 책임

지표 25 모든 학생의 학급활동 참여 촉진

통합학급 교사는 특수교육대상 학생뿐 아니라 모든 학생이 학급활동에 참여하는 것을 보장한다.

지표 25 선정 배경 및 중요성

모든 학생의 학급활동 참여는 당연한 교육적 전제이나, 학생들이 교실 안에 물리적으로 있다고 하여 모든 학급활동에 적극적으로 참여하고 있다고 보기 어렵다. 학생들은 학생 내적인 문제나 교사와의 관계, 교우관계의 문제로 활동에서 배제되기도 하고, 준비물이 없거나 문제행동으로 인한 벌칙 등으로 인해 명시적으로 학습활동에 참여하지 못하기도 한다. 학생들의 이러한 학급 활동의 비참여는 특수교육대상 학생이나 개별적 지원이 필요한 학생에게 더 중대한 문제가 될 수 있다. 통합학급 교사는 모든 학생들이 학급에서 일어나는 다양한 교육활동에 충분히 적절히 참여하도록 자신의 학급을 물리적 환경이나 학급규칙이나 분위기 면에서 다시 살펴보고 수정할 필요가 있으며 모든 학생들이 학급활동에 참여할 수 있도록 적극 지원하여야 한다.

지표 25 실행을 위한 역할 목록 및 지침

25-1. 통합학급 교사는 모든 학생이 학급활동에 참여할 수 있도록 수업 전 환경을 조성한다.

- 학급 차원으로 지원 가능한 재정적 지원 확인
  (예: 통합학급 지원비)
- 학급 차원으로 지원 가능한 특수교육 보조인력 자원 활용
  (예: 특수교육 실무원, 학교 사회복무요원, 자원봉사자)
- 학생 개개인의 특성을 고려한 자리 배치
- 학생의 주의집중이나 참여를 방해하는 환경적·물리적 요인 확인

및 제거
(예: 자폐성 장애학생의 감각적 민감성을 고려하여 소음이나 조명을 조절하거나 향수와 같은 향기 등을 제거)

- 학생의 수업 활동 참여를 제한하는 학급규칙이 있는지 확인
(예: 학생을 수업시간의 참여에서 제외시키는 타임아웃의 시간을 재고해야함. 타임아웃은 최대한 5분을 넘지 않도록 유의)
- 활동 전 여분의 준비물 준비
- 특수교육 보조인력의 역할이 오히려 특수교육대상 학생의 수업 참여 및 또래 상호작용을 제한하고 있지 않은지 확인 후 수정 보완

25-2. 통합학급 교사는 특수교육대상 학생의 개별적 성향과 능력을 고려하여 학급활동에 최대한 참여를 위한 방안을 모색한다.

- 강점 중심(strength-based)의 접근을 위해 개별화교육지원팀과 협의하여 특수교육대상 학생의 강점과 가족의 강점을 파악하고 기록
- 특수교육대상 학생의 특수학급 배치 시간을 고려한 학급 시간표 작성
- 특수교육대상 학생에게 통합학급 생활 적응을 위한 생활 기술을 먼저 지도, 반복 연습시킴
(예: 학급의 주의집중 구호 외치기, 시간표 보며 교과서 챙기기, 가방 및 서랍 정리하기, 이동을 위한 줄서기 등)
- 학생의 참여가 어려운 활동은 본래 활동을 최소한으로 수정하는 것을 원칙으로 함
(예: 원래 활동의 성격, 요건, 목표, 단계)
- 특수교육대상 학생을 위한 활동 수정 시에는 일반학생들에게 그 수정의 합리성을 설명하고 모든 학생 참여의 중요성 강조

25-3. 통합학급 교사는 특수교육대상 학생뿐 아니라 모든 학생이 학급활동에 참여하는 것을 독려한다.

- 학생의 문제행동은 활동 참여를 위협하는 가장 큰 요인이므로 모든 학생들의 문제행동을 예방하고 관리
- 활동 참여에 어려움을 보이는 학생에게 필요한 지원을 제공하고, 초보적 활동 참여 시도에도 충분한 강화 제공
- 활동 참여에 어려움을 보이는 학생에게 또래 지원을 제공하는 학생의 시도를 충분히 강화

25-4. 통합학급 교사는 특수교육대상 학생뿐 아니라 모든 학생의 학급활동 결과물을 동등하게 관리한다.

- 모든 학생의 학급활동 결과물을 동등하게 게시
- 모든 학생의 활동 결과물이 오염, 파손 되지 않도록 관리하고 게시
- 학생들의 개인별 능력의 차이가 '최소한'으로 느껴지는 방법으로 게시 (예: 협동 작품 게시)
- 개인 학생의 활동 결과물을 파일 등을 활용하여 체계적으로 보관한 후 개인 학생의 가정으로 보냄

지표 26 모든 학생에게 적합한 교육 계획 수립

통합학급 교사는 학급 내 모든 학생에게 적합한 교육 계획 및 수업 계획을 수립한다.

지표 26 선정 배경 및 중요성

「장애인 등에 대한 특수교육법」에 의하면 특수교육 지원 대상이 '장애인과 특별한 교육적 요구가 있는 학생'으로 확대되었으며, 특수교육대상 학생은 일반학교에서 또래와 함께 개개인의 교육적 요구에 적합한 교육을 받아야 함을 명시하고 있다. 통합학급 교사의 특수교육대상 학생을 포함한 모든 학생에 대한 수업 책무

성은 점차 더욱 강조되고 있다. 이런 책무성을 전제로 교사는 교실 내 특수교육대상 학생 등 학급에서 여러 측면에서 어려움을 겪는 학생에 대해 세심한 관심을 갖고 적합한 교육계획 및 수업계획을 수립하여 효과적인 지도를 실행해야 한다.

지표 26 실행을 위한 역할 목록 및 지침

26-1. 통합학급 교사는 지역사회, 학교, 학급의 특성을 고려한 교육 계획 및 수업 계획을 수립한다.

- 국가 수준의 교육과정 및 교육청 수준의 교육과정 지침을 정확하게 이해
- 학교 소재지의 지역사회 특성, 인구 및 가구의 특성과 학교 전체의 특성을 숙지하여 교육 계획 및 수업 계획에 반영
- 학교 교육과정 계획 수립을 위한 학교차원 협의회에 적극적으로 참여
- 수업의 계획 및 반성을 위한 학년 협의회를 매주 정기적으로 실시하고, 적극적으로 참여
- 학년 협의회의 결과와 학생의 개별적 특성(예: 인지, 정서, 신체적 강점과 약점, 가정 환경의 강점과 약점, 현행 학업수준, 학생의 흥미와 관심 영역, 학생이 선호하는 수업 방식, 또래 관계 등)과 교사와 학생과의 관계를 반영하여 수업 계획 수립
- 학급 학생의 어려움을 미리 예상한 후 수업 계획 수립 시 정보 제시 방법, 표현 방법, 참여 방법을 다양화하여 계획
- 특수교육대상 학생의 수행 수준을 너무 높거나 낮게 평가하고 있는지 확인

26-2. 통합학급 교사는 학급 내 특수교육대상 학생 및 개별적 지원이 필요한 학생에게 적합하도록 교육 계획을 수정한다.

- 개별화교육지원팀을 통해 학생에 대한 정보를 습득하고 학생의 장점과 흥미를 최대한 반영하여 수업 설계
- 특수교육대상 학생을 위한 교수 방법을 적극적으로 숙지하고 활용

■ 특수교육대상 학생의 각 교과에서의 현행 수준에 고려하여 교수적 수정 실시

지표 27 학급규칙 수립 및 운영

통합학급 교사는 학급을 운영하는 학급 규칙을 수립하고 운영한다.

지표 27 선정 배경 및 중요성

학급 규칙을 준수하는 것은 학급 내 구성원 자격과 밀접한 관련이 있다. 특수교육대상 학생이 장애를 이유로 통합학급 내 규칙과 전혀 상관없이 생활한다면, 같은 학급의 또래들이 특수교육대상 학생을 진정한 같은 반 친구로 인식하기 힘들다. 통합학급 교사는 학생들이 주도적으로 학급 규칙을 정할 수 있도록 지원해야 한다. 왜냐하면 학생들이 주도적으로 규칙을 정하고 후속 결과에 대해서 충분히 동의할수록 규칙 준수율이 높아지기 때문이다. 또한 일반적인 방법으로는 규칙을 지키는 것이 어려운 학생의 경우에는 '개별화된 수정'을 통해 규칙을 지킬 수 있도록 지원한다.

'개별화된 수정'(individualized adaptation)이란?
개인 학생의 참여를 증진하기 위해 개인적 요구에 따라 기술 순서나 규칙을 수정하는 것, 타인의 조력을 사용하는 것, 물리적 및 사회적 환경을 수정하는 것, 혹은 개인 학생의 요구를 충족시키기 위해 자료와 장치(devices)를 선택하거나 새로 고안하여 사용하는 것을 포함할 수 있다(Baumgart et al., 1982).

지표 27 실행을 위한 역할 목록 및 지침

27-1. 통합학급 교사는 학급 회의를 통해 학생들이 주도적으로 학급 규칙을 수립하도록 한다.

- 규칙 제정을 위한 학급회의 개최
- 모두의 의사가 존중될 수 있도록 다양한 형식과 의사결정 방식 사용 (예: 모둠별 토의를 거친 전체 회의, 소수 의견 듣기 시간 마련, 1인 2표제 등)
- 규칙이 필요한 영역을 미리 학생들에게 제시 (예: 교사의 수업권 보장에 필요한 규칙, 학생의 학습권 보장에 필요한 규칙, 구성원들의 관계 형성에 필요한 규칙, 안전에 필요한 규칙, 규칙을 준수하지 않았을 때의 후속 결과 규칙 정하기 등)

27-2. 통합학급 교사는 모든 학생이 이해할 수 있는 명확한 규칙이 세워지도록 한다.

- 규칙은 5개 내외로, 간단하고 짧게, 긍정문으로 진술하여 게시 (예: 진술방식은 무엇을 '안 하기'가 아니라 무엇을 '하기', 뛰지 않기보다는 '걷기')
- 학급 규칙을 눈에 띄는 곳에 큰 활자, 그림이나 사진으로 게시
- 모든 학생이 이해할 수 있고 '관찰할 수 있는 행동'으로 규칙 진술 (예: '다른 사람을 배려한다'라는 규칙을 정하고 싶다면, 실제로 배려를 나타낼 수 있는 관찰 가능한 행동을 진술하도록 하며, 배려하는 행동과 배려하지 않은 행동의 예를 통해 규칙을 이해시킴; 연습 및 피드백 제공)
- 과제 제출 및 확인, 이동 시 줄 서기, 급식 준비하기 등 학급에서 반복되는 활동의 절차를 명확하게 안내
- 규칙과 절차를 지키지 않았을 때 벌을 주기보다, 규칙을 준수하였을 때 칭찬 등의 충분한 긍정적 강화 제공의 중요성과 학생들의 규칙 준수 행동을 증가시켜야 한다는 원칙을 숙지(벌 사용의 '예

방'이 중요함)

27-3. 통합학급 교사는 특수교육대상 학생이 개별화된 수정을 통해 학급 규칙을 준수할 수 있도록 한다.

- 일반적인 방법으로 규칙 준수가 어려운 학생을 파악
- 학급 규칙의 의도를 살리면서 개별 학생의 조건과 능력에서 규칙을 준수할 수 있도록 적합한 수준으로 규칙을 수정
  (예: 모둠 칭찬판 운영 시, 학급 전체가 같은 기준으로 운영될 경우 특수교육대상 학생이 있는 모둠은 보상을 자주 받지 못할 수도 있다. 이에 특수교육대상 학생의 장점을 포함한 보상규칙을 만들거나 모둠별 구성원의 다양성을 고려하여 모둠별로 각기 다른 보상 약속을 만들어 운영할 수 있다.)

27-4. 통합학급 교사는 학급 규칙을 지키지 않았을 때의 후속 결과도 학생들과 충분히 합의하여 정한다.

- 규칙 미준수에 대한 후속 결과가 논리적이고 적합한 후속 결과인지 점검
  (예: 지각을 하면 청소를 하는 후속 결과가 적절한지 학년에 따라 토의 가능)
- 특수교육대상 학생이 규칙을 지키지 않았을 때, 벌칙에서 무조건적인 예외가 되지 않도록 유의하고 개인 학생에 적절한 후속 결과 탐색

27-5. 학급 규칙 및 후속 결과는 학급 구성원들이 서로를 배려하고 지원할 수 있는 방법으로 정한다.

- 규칙을 지키지 않은 학생을 벌하거나 배제하기 위한 후속 결과가 아니라 규칙을 더 잘 지킬 수 있는 후속 결과인지 점검
- 규칙에 대한 정기적인 점검 및 수정 기회 제공
- 학급 규칙이나 후속결과 점검 논의는 학급 모든 학생이 참여할 수 있을 때 실시

지표 28 모든 학생에게 적합한 평가

통합학급 교사는 학급 내 모든 학생에게 적절한 평가 계획을 수립하고 다양한 평가 방법을 사용한다.

지표 28 선정 배경 및 중요성

학교구성원들은 평가 결과를 통해 학생과 수업의 질을 판단한다. 이에 평가는 단순히 학생의 현행 수준을 정량화 하는 도구에 머무는 것이 아니라 학교 구성원들이 학생과 교사의 수업을 인식하는 가치의 기초적 잣대가 된다. 경쟁과 서열화를 위한 평가가 아니라 학생이 학습한 것을 가장 적절한 방식으로 이해하고 평가하고 개선하려는 노력이 필요한 것이다. 특히 초등학교 교사는 모든 교과의 평가 내용과 평가 방법을 이해하고 수행해야 하기 때문에 학생에 대한 평가 전문성이 더욱 요구되며, 통합학급 교사는 이에 더해 특수교육대상 학생의 수행에 대한 적절한 평가 방법과 적용에 대한 지식과 기술이 필요하다.

지표 28 실행을 위한 역할 목록 및 지침

28-1. 통합학급 교사는 모든 학생에게 적합한 평가 계획을 수립한다.

- 학습에 영향을 끼칠 수 있는 모든 학생의 개별적 특성을 파악 (예: 동기 수준, 인지 수준, 기억력, 신체적 건강, 교과별 수행 수준, 사회정서 기술, 흥미 등)
- 특수교육대상 학생의 경우 개별화교육지원팀을 통해 추가적 자료를 제공받음
- 학년 협의회를 통해 과목별 교육과정 상 목표와 학생의 특성 그리고 학교, 학부모, 교사의 관점과 고려사항을 반영하여 영역별 평가 준거 선정
- 학년 협의회를 통해 선별된 평가 준거를 정제하거나 적합한 용어로 바꾸고, 평가 시기 결정

- 평가 준거를 확인할 수 있는 가장 효과적인 평가 방법 결정
(예: 수행, 지필, 관찰, 포트폴리오 등)
- 교실 수업과 자연스럽게 연계되도록 평가 방법과 시기 결정
- 학급 학생의 개별적 수준을 고려하여 다양한 수준의 학생을 동시에 평가할 수 있는 평가 방법 구상
- 학생의 인지 영역과 더불어 다양한 영역 포함
(예: 협동심, 리더십, 지구력과 같은 인성적 요소와 컴퓨터 활용 및 정보 검색 능력, 그림 그리기, 음악 감수성, 종이 접기 등의 기능적 기술 영역까지 고려)

28-2. 통합학급 교사는 특수교육대상 학생 및 개별적 지원 요구 학생 등에게 적합하도록 평가 계획을 수정한다.

- 특수교육대상 학생이 일반적인 평가 참여가 어려울 경우, 개별화교육지원팀과 학업성적관리위원회와의 협의를 통해 평가 방법과 기록 방법을 수정하고, 학교 학업성적관리규정에 '장애학생 평가 조정 규정'을 포함
- 공통교육과정을 적용받는 시·청각 및 지체장애 학생의 경우 문항 제시 형태, 반응형태, 검사 시간, 검사 환경 등을 평가 전·중·후에 조정하는 '평가 조정' 실시
- 평가 목적은 최소한으로 수정하며, 평가 관련 조건 및 절차 일부를 변경 또는 조정
(예: 문항 수 축소, 글자 크기와 줄 간격 확대, 객관식 보기 제공, 어휘 수준 변경 및 예시 제공, 수막대 등 추가 자료 제공)

28-3. 통합학급 교사는 학생의 성취에 대한 정보를 학부모에게 정기적으로 안내한다.

- 평가 계획(목적, 방법, 시기)을 학부모에게 안내
- 학습지나 결과물, 학습 과정과 평가 기록, 평가 동영상, 사진 등을 학부모에게 정기적으로 안내

- 수행평가의 결과는 나이스(National Education Information System, NEIS)에 기록하여 학부모가 확인할 수 있도록 함
- 학생이 문제행동을 보였을 때뿐만 아니라 학생의 긍정적인 변화가 있었을 때도 학부모에게 자녀 관련 정보를 제공

지표 29 개별적 지원 요구 학생에 대한 지원

통합학급 교사는 특수교육대상 학생 외에도 학급 내에서 개별적 지원이 요구되는 학생들에게 학업적, 사회적 및 정서적 지원을 제공한다.

지표 29 선정 배경 및 중요성

일반학급 학생 구성원을 살펴보면 특수교육대상 학생으로 진단받고 교육을 제공받는 학생 이외에도 개별적 지원이 필요한 학생들이 있다. 예를 들면, (1)장애가 명백한 것으로 추정되지만 특수교육대상 학생으로 진단되지 않은 학생; (2)가정에서의 돌봄을 제대로 받지 못하여 학교에서의 특별한 지원이 필요한 학생; (3)심각한 학습부진이나 정서적인 문제를 갖고 있는 학생; (4)긴 기간의 해외 거주 후 귀국하여 한국 학교 적응이 일시적으로 힘든 학생; (5)결혼이민자 가정의 자녀 중 한국어에 어려움이 있는 학생 등이 있다. 이러한 학생들의 개별적 지원 요구를 파악하고 적합한 지원을 제공하는 것이 학급 담임교사가 해야 할 중요한 역할 중의 하나이다. 가정의 사회경제적 수준, 가족 구성원의 언어 및 문화적 배경, 학생의 학습 능력, 학습 동기 및 성취 수준면에서 강점과 취약성을 파악하고, 이에 대한 세밀하고 적합한 지원을 제공하는 것은 원활한 통합학급 운영에 도움이 될 수 있다.

지표 29 실행을 위한 역할 목록 및 지침

29-1. 통합학급 교사는 특수교육대상 학생 외 개별적 지원이 요구되는 학생이 있는지 진단한다.

- 전년도 기록 점검
  (예: 성적, 출결사항, 주의요망 학생 관련 정보)
- 교사 제작 학급설문조사 실시
  (예: 새 학년이 되어 바라는 점, 공부할 때 어려운 점, 학급에 있는 친한 친구, 친구와 사귈 때 어려운 점 등)

29-2. 통합학급 교사는 특수교육대상 학생 외 개별적 지원이 요구되는 학생의 주요 요구를 분석한다.

- 학생의 학업적·사회적·정서적 문제와 가정의 문제 판별
- 특수교사에게 협의와 자문 요청
- 개별 진단도구 또는 관찰 실시 및 학부모 면담
- 위기 사항 시 긴급복지지원 등 교내 지원 체계 활용과 지역사회 기관의 사회복지사 자문과 연계

29-3. 통합학급 교사는 특수교육대상 학생 외 개별적 지원이 요구되는 학생에게 학업적, 사회적 및 정서적 지원 중 적합한 지원을 제공한다.

- 적합한 지원 제공에 도움이 되는 자원 및 자료 수집
  (예: 특수교사, 교내 심리상담사, 지역사회 또는 복지관 멘토링 프로그램 등)
- 긍정적이고 지원적인 학급 분위기 형성과 학급 활동을 위한 방안 실시
  (예: 사회정서학습, 봉사학습, 통합동아리 활동 등)

'봉사학습'이란?

봉사학습은 'service learning'이라 부르며, 용어대로 '봉사'와 '학업'의 요소를 동시에 포함하며 봉사가 학습을 강화하고 학습이 봉사를 강화하는 구조로 고안된다. 일회성 봉사경험을 의미하지 않으며 봉사를 학업 내용에 연결하고 개인적 및 사회적 학습 기회 및 진로탐색 기회를 제공한다. 지역사회 요구를 충족하면서 학생과 지역사회 모두에게 유익함을 주는 것으로 어떠한 교과영역에도 적합하며 모든 학년 수준의 학생에게 적합하다. 봉사학습의 본질적 요소는 봉사, 학습 및 되돌아보기(reflection)이다(박승희, 2015).

지표 30 개별화교육계획 수립 및 실행에 참여

통합학급 교사는 특수교육대상 학생의 개별화교육계획(IEP) 개발과정에 참여하고, 이를 반영한 교수학습활동을 진행한다.

지표 30 선정 배경 및 중요성

특수교육대상 학생의 개별화교육계획(IEP)은 개별화교육지원팀이 학생별로 반드시 작성해야만 하는 법적 문서이다. 특수교육대상 학생의 교육이 특수학급과 통합학급 두 환경에서 이루어지는데 실제 통합학급에서 교육받는 수업 시간이 점차 증가하기 때문에 통합학급 교사가 개별화교육지원팀에서 차지하는 역할은 점차 증가하고 있다. 따라서 통합교육의 질적 향상을 위해 통합학급 교사의 IEP 개발 및 적용 과정에서의 참여도 향상이 필수적이다.

지표 30 실행을 위한 역할 목록 및 지침

30-1. 통합학급 교사는 개별화교육지원팀에 참여하여 특수교육대상 학생의 개별화교육계획(IEP) 개발을 위해 특수교사와 협의한다.

- 통합학급에서의 특수교육대상 학생 관련 정보를 특수교사에게 제공 (예: 통합을 방해하는 문제행동과 통합학급 교사의 대처 방법, 학업 수준, 또래 관계, 점심시간 식사 행동 등)
- 특수학급에서 특수교육대상 학생의 학업 수행, 학급생활 및 또래관계 등 관련 정보를 특수교사에게 요청
- 해당 교과에서 한 학기 장기 목표 수립에 대한 의견 제시
- 장기목표에 따른 월별 목표 수립에 대한 의견 제시
- 주요 교수 내용, 교수 방법 및 평가 방법 수립에 대한 의견 제시

30-2. 통합학급 교사는 통합학급에서 이루어지는 교과목 중에서 개별화교육계획(IEP)에 포함시킬 과목이 있다면, 장·단기 목표 수립에 대한 의견을 제시한다.

- 특수교육대상 학생의 개별화교육계획 목표를 성취하기 적합한 과목과 교수 내용 선정
- 특수교실, 치료실 등에서 학생의 수업 내용과 수업 방법을 파악하여 이와 연계된 통합교실 수업 내용과 방법 계획
- 특수교사와의 협의를 통한 교수적 수정을 통해 수업 계획
- 특수교육대상 학생을 포함한 모든 학생이 수업에 참여하여 의미 있는 학습을 할 수 있도록 다양한 정보 제시 방법, 다양한 학습 표현 방법 및 다양한 참여 방법을 계획하여 실행

지표 31 통합학급 교사의 긍정적 행동지원

통합학급 교사는 특수교육대상 학생의 문제행동에 대해 긍정적 행동지원을 적용한다.

지표 31 선정 배경 및 중요성

일반교사에게 통합교육 실행이 어려운 이유 중의 하나는 학생의 문제행동이다. 심하게 수업을 방해하거나 또래와의 다툼이 잦은 학생이 있으면 학생 지도와 수업이 어려워지기 때문이다. 그리고 문제행동을 보이는 학생의 입장에서도 학업 성취와 또래 관계 측면에서 부정적인 결과가 초래되므로, 중재가 시급히 이루어져야 한다. 문제행동 처치에 대한 최선의 실제는 긍정적 행동지원(PBS) 접근을 하는 것이다. 긍정적 행동지원은 문제행동에 대한 생태학적 접근으로서 문제행동 발생에 기여한 '다양한 요인들'을 파악해서 다단계 중재를 실시하는 것이다. 즉 보편적 중재, 소그룹 대상 중재 및 개별학생 지원을 실시하게 된다. 긍정적 행동지원은 문제행동의 단순한 제거뿐 아니라 문제행동의 예방과 문제행동을 대체할 보다 긍정적인 대체행동을 교수한다는 장점이 있다.

지표 31 실행을 위한 역할 목록 및 지침

31-1. 통합학급 교사는 모든 학생들이 바람직한 행동을 할 수 있도록 보편적인 지원 시스템을 마련한다.

- 모든 학생에게 기대하는 행동을 구체적으로 진술하여 규칙으로 설정 (예: 시간 지켜서 등교하기, 쉬는 시간에 다음 시간 수업 준비하기)
- 규칙을 준수하였을 때의 강화 설정
- 약속 게시, 구조물 변경 등 학생의 긍정적 행동을 증가시키기 위한 물리적 환경 조성
- 학생 스스로 규칙을 준수하였는지 점검하고 기록할 수 있는 자기점검표 개발 및 사용 방법 교수

- 모든 학생을 대상으로 사회성 기술이나 의사소통 기술을 교수 (예: 친구 사귀기 프로그램, 사회정서학습 프로그램)

31-2. 통합학급 교사는 보편적인 지원 시스템에 따라 학생들의 행동을 강화한다.

- 학생들이 자신의 행동을 스스로 관리할 수 있도록 지원
- 교사는 학생의 적합한 행동에 대해 일관되게 강화 또는 후속 결과 제공

31-3. 통합학급 교사는 소그룹 지원, 개별적 지원이 필요한 학생이 있는지 판단하여 일관된 중재를 수행한다.

- 학생의 문제 행동을 관찰하고 측정하여 기록
- 교실 내에서 매우 높은 빈도의 문제행동(예: 공격행동, 우울한 행동)을 보이는 학생은 상담교사나 특수교사에게 의뢰
- 통합학급에서 이루어져야 하는 소그룹 지원 및 개별적 지원에 대해 특수교사와 협의
- 협의된 중재 방법을 일관되고 단호하게 유지
- 학생의 행동 변화와 중재 수행의 장단점을 특수교사와 논의

지표 32 교수적 수정의 협력 및 적용

통합학급 교사는 특수교육대상 학생에게 필요한 다양한 교수적 수정 방법을 적용한다.

지표 32 선정 배경 및 중요성

일반교사들은 학급 내 모든 학생들의 흥미와 능력을 고려하여 단원이나 교재를 재구성하고, 집단 활동과 교수 방법을 다양화하며, 개별적 도움이 필요한 학생들

의 특성을 고려하여 자리를 바꾸거나 목표, 과제, 평가 수준을 조정하는 등의 수정을 하고 있다. 그러나 그 대상은 이질성의 범위가 크지 않은 학생들로 국한되어 있다. 최근에는 특수교육대상 학생과 같이 이질성의 범위가 큰 학생들을 포함하여 수업을 계획하고 실행할 수 있는 역량도 점차 강조되고 있다. 교수적 수정, 보편적 학습설계, 다수준포함교수법 등의 수업 혁신은 특수교육대상 학생을 포함한 모든 학생을 위한 양질의 수업을 추구하는 점에서 공통점을 찾을 수 있다.

지표 32 실행을 위한 역할 목록 및 지침

32-1. 통합학급 교사는 특수교육대상 학생의 수업 참여를 위해 적절한 물리적 환경을 제공한다.

- 교실 서랍과 정리 바구니에 이름표 부착
- 교실 안 잠재된 산만한 요소 확인 후 제거 및 조정
  (예: 창문, 문, 연필 깎기 등의 물건, 컴퓨터, 프로젝터 등의 장비 등. 자폐성 장애학생의 경우 감각적 특성에 의해 조명[형광등], 냄새 등과 같은 일상적 요소가 학생에게 부담스런 요소가 될 수 있음)
- 특수교육대상 학생의 특성을 고려한 자리 배치
  (예: 주의집중 정도, 교사 관심 요구 정도, 적극성, 불안 및 긴장 정도, 교우 관계, 이동의 편의성 등 고려)
- 특수교육대상 학생의 수업 참여도를 높일 수 있는 보조 도구 준비
  (예: 각도 조절 책상, 잠시 서 있을 수 있는 키다리 책상, 미끄럼 방지 의자, 미끄럼 방지 매트, 독서대, 자세교정용 발판 등)

32-2. 통합학급 교사는 특수교육대상 학생의 수업 참여를 위해 특수교사에게 가능한 지원을 요청한다.

- 개별화교육지원팀을 통해 교수 내용, 교수 방법과 교수 자료에 대한 지원 받기
- 특수교사와의 주 1-2회 정규적 협의를 통한 지원 확보
- 교사의 지도하에 특수교육 보조인력 적절히 활용하기

32-3. 통합학급 교사는 특수교육대상 학생의 요구에 맞도록 교육과정의 내용과 방법을 수정하여 적용한다.

- 짧게 설명하기, 제스처 많이 사용하기를 습관화
- 최대한 교수 목표의 조정 없이 교수 활동과 자료를 수정
(예: 쓰기 대신 말하기, 학습지의 문항 수를 줄이기, 글씨를 크게 하기, 그림을 추가하기, 글자 쓰는 칸 늘리기, 선택 보기 제시, 또래 도움 받기 등 정보 제시 방법이나 반응 양식을 다양화)
- 교수 목표의 수준을 낮춰야 할 경우, 학생의 IEP를 참조하여 목표를 수정하나 최대한 일반학생과 같은 영역의 교과 목표를 쉽게 설정
(예: 동일 교과 수학에서, 일반학생은 2자리 수의 곱셈을 특수교육대상 학생은 2자리수의 덧셈하기)
- 일반학생이 특수교육대상 학생을 지원할 경우, 또래 간의 사회적 관계와 상호 수용 정도를 확인 후 진행(특히 1:1 지원일 경우)

지표 33 통합학급 교사의 전문성 신장

통합학급 교사는 자기계발을 통해 일반교육 및 특수교육 전문성을 신장한다.

지표 33 선정 배경 및 중요성

통합교육 실행이나 학교교육의 성패를 좌우할 수 있는 가장 큰 자원은 교사이다. 통합학급의 확대에 따라 일반교사가 통합학급을 담당하는 것이 단순한 선택의 문제가 아니라 필수적 과제라는 인식과 함께 그에 부합하는 통합학급 교사로서 일반교육 및 특수교육 전문성을 신장하기 위한 노력이 뒷받침되어야 한다. 통합교육의 적합한 실행을 위한 일반교사의 일반교육 및 특수교육 전문성 신장은 다만 장애학생이 통합된 통합학급 담임으로서 요청되는 것뿐만 아니라 학급에서

다양한 학생들의 교육적 요구를 보다 세심하고 효과적으로 지도할 수 있는 유능한 교사로서 필요한 전문성이란 인식이 필요하며, 그에 따른 꾸준한 자기 계발을 위한 적극적 노력이 요청된다.

지표 33 실행을 위한 역할 목록 및 지침

33-1. 통합학급 교사는 자기 계발을 통해 일반교육 전문성을 신장한다.

- 평소 다양한 주제의 문헌에 접근하고 연수에 참여
- 주 1회 이상 동 학년 교사들과 교육과정에 대한 논의와 성찰의 시간 갖기
- 교내외 전문적 학습공동체 모임 참여를 통해 일반교육 전문성 신장

33-2. 통합학급 교사는 자기 계발을 통해 특수교육 전문성을 신장한다.

- 통합학급을 처음 담당할 때 연 60시간 이상의 특수교육 연수에 참여
- 통합학급을 담당 시에는 특수교육 관련 연수에 가능한 참여
- 인터넷상 부정확한 정보가 아닌, 통합교육 관련 교육청 안내 자료, 관련 이론서 및 연구논문 중심의 전문성 함양
- 특수교육 및 통합교육 관련 전문적 학습공동체 모임 참여를 통한 특수교육 전문성 신장

33-3. 통합학급 교사는 특수교사나 전문 상담 교사와 같은 교내 인적 자원 및 학부모와 긴밀한 관계를 유지한다.

- 특수교사와 주 1-2회 지속적인 직·간접적 협의
- 특수교육대상 학생의 학부모에게 학생에 대한 정보와 요구 사항 문의
- 전문 상담교사에게 특수교육대상 학생이나 그 부모에 대한 자문 요청

지표 34 학생 간 상호지원 관계 형성 지원

통합학급 교사는 특수교육대상 학생에 대한 긍정적인 태도와 학생간의 상호 지원 관계 형성을 위해 돕는다.

지표 34 선정 배경 및 중요성

통합교육의 가장 큰 이점 중 하나는 일반학생과 특수교육대상 학생이 동일한 공간에서 함께 공부하고 사회적 관계를, 나아가 친구 관계를 형성하는 맥락을 제공하며, 학생과 교사 사이에 또한 학생들 사이의 '자연적 지원'을 경험하는 기회를 제공한다는 것이다. 학생들이 같은 학급 친구로서 서로 존중하며 사회적 관계를 맺고 상호지원을 하며 긍정적인 감정을 나누는 것은 일상생활에서도 매우 중요한 사회·정서적 능력이며 삶의 질을 높이는 요소이다. 학생들이 서로 간에 긍정적인 태도를 갖고 상호지원이라는 호혜적 행동을 위해서 교사가 먼저 적합한 상호작용 및 의사소통 양식을 사용하는 것에 모델이 되어야 한다. 교사는 학생들에게 긍정적 의사소통 양식과 태도에 대한 시범을 보이고, 긍정적 행동을 수행할 기회를 많이 제공하고, 적합한 행동을 충분히 강화할 때 학생들은 이를 모델링하여 유지하게 된다. 같은 학급 내 학생들 사이의 자연적 지원은 어떠한 전문가가 줄 수 없는 소중한 상호지원의 경험이다.

지표 34 실행을 위한 역할 목록 및 지침

34-1. 통합학급 교사는 자신의 의사소통 양식과 교실 운영 방식을 점검한다.

- 의사소통 양식에서 개인이나 집단 간 비교를 자주 하고 있지 않은지 점검
  (예: '누가 제일 잘하나요?' '어느 모둠이 제일 빠른가요?' 대신에 '어느 모둠이 서로 협력을 활발히 하나요?')
- 학급 내 강화시스템이 협력보다는 경쟁과 서열을 강조하고 있지 않

은지 점검
(예: 개인별 혹은 모둠별 스티커 판, 급수제 등)

- 학생의 오류를 학습의 한 과정으로 가치 있게 평가하고 있는지 점검
- 특수교육대상 학생에 대한 교사의 기대가 학생의 수행 수준보다 낮지 않은지 점검
- 특수교육대상 학생이나 개별적 지원 요구 학생에게 사용하는 비언어적 의사소통양식이 긍정적인지 점검
- 학급과 학교에 있는 모든 시간에 학생과 상호작용하는 교사 스스로 학생들과 상호작용하는 방식을 점검
(예: 개인 학생의 고유한 개인성[individuality]을 존중하고, 친근하고, 용기를 북돋워주고, 적절한 자극과 도전을 주고, 모든 학생에게 공정하고 민감하게 반응하고, 학생의 장점과 성취를 칭찬하고, 저성취 학생을 은연중에 무시하지 않으며 더 많이 격려하며, 어려움에 민감하게 공감하며, 개인 학생의 비밀을 존중하고, 가르치는 데 열정적이고, 유머가 있는 성품인지 점검)

34-2. 통합학급 교사는 특수교육대상 학생에게 긍정적인 태도를 보인다.

- 특수교육대상 학생이 통합학급과 특수학급을 이동할 때, 교실의 입실과 퇴실 시 따뜻하게 반기고 충분한 환영을 표현
- 통합학급에서 일반학생과 함께 통합수업에 참여하는 특수학급 학생에 대해 통합학급 교사는 의사소통 양식이나 행동에서 일시적 '손님 학생'이 아닌 통합학급의 '한 구성원' 학생으로 대하고 있는지 자기점검과 교정 필요
- 통합학급 교사의 특수교육대상 학생에 대한 긍정적 태도는 성실한 수업 준비에서 시작됨을 숙지
- 통합된 교과 수업에 특수교육대상 학생이 '의미 있게 최대한' 참여하도록 통합학급 교사는 통합교과에서 학생의 '수업 목표'에 대해 사전에 충분한 인지와 수업 준비

34-3. 통합학급 교사는 일반학생의 특수교육대상 학생에 대한 긍정적인 태도 형성을 돕는다.

- 특수교육대상 학생의 문제 행동 중 '또래 관계'에 영향을 미치는 문제행동을 1차적으로 관리하고 처치
- 일반학생이 특수교육대상 학생에 대한 정보가 필요한 경우, 학부모 및 특수교사와 협의하여 일반학생들에게 제공
  (예: 학년 초 일반학생과의 '공통점'에 초점을 맞춘 오리엔테이션 실시, 특수교육대상을 포함한 모든 학생들에게 도움이 필요한 상황과 대처 방법에 대한 수시 안내, 특수교육대상 학생의 장점과 발전하고 있는 모습 수시 안내)
- 특수교육대상 학생을 포함한 모든 학생이 가지고 있는 강점과 취약점에 대한 설명을 하고, 모든 사람들 사이의 긍정적인 상호지원 태도의 중요성 강조
- 매일 1차시 이상을 상호작용의 기회가 많은 수업활동으로 계획
- 긍정적인 태도를 보이는 학생들을 충분히 강화

34-4. 통합학급 교사는 특수교육대상 학생과 일반학생간의 상호지원 관계 형성을 돕는다.

- 또래교수 실시 전, 튜터 학생에게 간단한 지도 기술 안내
- 통합학급의 운영에서 학생들의 '1인 1역할' 배분 및 역할 수행 지원
  (예: 특수교육대상 학생이 1인 1역할을 성공적으로 수행하도록 지원; 만약 특수교육대상 학생이 1인 1역할 수행이 어려울 때는 학급 학생들을 '2인 1조'로 조직하여 2인 1역할로 진행할 수 있음)
- 특수교육대상 학생의 장점과 흥미를 고려한 학급 프로그램의 주기적 운영
  (예: 주1회 아침자습 시간이나 점심 예비종 시간을 활용한 운동장 놀이, 학급 놀이 시간 운영)
- 통합학급에서 필요한 사회성 기술 내용을 특수교사에게 전달하여 사회·정서적 능력 향상 교수를 특수학급에서도 동시에 지도

(예: 미소 짓기, 인사하기, 자기 소개하기, 함께 놀거나 공부하자고 권유하기, 칭찬 주고받기, 사과하기, 용서하기, 개인적 소유물 공유하기, 도움 주고받기, 놀이에서의 역할 협상하기, 외출이나 활동 계획 시 초대 확장하기, 유머감각 인식하고 함께 나누기, 부탁하기, 단정하고 깨끗한 외모, 친구 사이에 비밀 지키기, 점심식사 예절 등)

지표 35 다양한 자원 활용을 위한 연계

통합학급 교사는 학교 내외의 다양한 자원을 활용하기 위해 통합교육 관련 교내외 인사와 협력하고 연계한다.

지표 35 선정 배경 및 중요성

통합교육의 내실화와 활성화를 위해 통합학급 교사는 교내뿐 아니라 학교 소재지 지역사회의 다양한 자원을 활용할 필요성이 있다. 특수교육대상 학생을 포함하여 학급 전체 학생들이 같이 지역사회 봉사활동을 갈 수 있고, 통합교육 관련 기관을 견학할 수도 있다. 또한 지역사회 내 장애인 인사를 초청하여 특강과 나눔 시간을 가질 수 있다. 학생들이 한 학교의 학생으로 연대감과 소속감을 증진시킬 수 있도록 학교 안팎의 인사와 협력하여 네트워크를 구축할 수 있다.

지표 35 실행을 위한 역할 목록 및 지침

35-1. 통합학급 교사는 복지관, 평생교육기관, 특수학교 등의 통합교육 관련 지역 사회 기관 및 인사와 연계한다.

- 재능 기부할 수 있는 지역사회 장애인 인사 및 부모 섭외
- 외부 특수교육 전문가와의 자문 기회나 학생이나 교사 대상 특강 기회 마련

35-2. 통합학급 교사는 특수교육대상 학생을 포함하여 학급 학생들이 갈 수 있는 현장 학습 기관 및 봉사학습 기관을 선정한다.

- 현장 학습을 계획할 때부터 특수교육대상 학생을 포함한 모든 학생들이 어려움 없이 접근 가능하게 최적합한 장소 선정
(예: 휠체어 사용 학생의 건물의 물리적 접근성, 학교와의 거리 등)
- 어린이집, 노인정과 같은 봉사학습이 가능한 기관을 섭외하고 실무자와 협의하여 실제 봉사학습 기회 창출

지표 36 교사들의 협력과 공동 책임

통합학급 교사, 특수학급 교사 및 교과 담당 교사는 협력을 통해 특수교육대상 학생 학업에 대해 공동의 책임을 갖는다.

지표 36 선정 배경 및 중요성

통합교육의 성공적 실현은 교사간의 협력과 공동 책임이 없이는 불가능하다. 학교 전체가 협력적 공동체가 되어 통합학급 교사와 특수교사는 특수교육대상 학생의 통합교육 실현이라는 공동 목표에 대해 함께 활동하며 창의적인 해결책을 고안해야 한다. 이 외의 학교의 구성원들 또한 특수교육대상 학생을 포함한 모든 학생들에 대한 교육에 책임을 공유하고 이들의 학습과 발달을 지원하기 위해 협력해야 한다. 특수교사와 통합학급 교사는 특수교육대상 학생의 교육에 관여하는 교과 담당 교사들과의 효과적인 협력 체계 구축을 통해 협력적 팀 운영의 중추적인 역할을 담당해야 할 것이다.

지표 36 실행을 위한 역할 목록 및 지침

36-1. 통합학급 교사는 개별화교육지원팀의 팀원으로서 특수교육대상 학생에 대한 정보를 얻기 위해 특수교사, 교과담당 교사와 협력한다.

- 통합학급 교사는 특수교사 및 교과 담당 교사와 함께 특수교육대상 학생의 교육적 책무성이 공유됨을 인식
- 통합학급 교사는 특수교사뿐 아니라 교과 담당 교사와 함께 특수교육대상 학생의 교육계획 수립 및 특정 교과 수업계획 협의 사항에 대한 정규적 협의(월 1회 정도) 실시
- 특수교육대상 학생의 특정 교과에서 학습적 및 행동적 어려움을 판별하고 확인할 수 있는 자료(예: 포트폴리오 자료, 관찰일지, 지필검사 등)를 수집하고, 교사들과 공유
- 개별화교육지원팀원으로서 정기적으로 학생의 특정 교과의 통합수업 참여와 특수학급 수업에서의 진보 과정과 성취 수준 점검

36-2. 통합학급 교사는 특수교육대상 학생의 문제해결 및 기타 협의를 위한 교사 간 협의를 실시한다.

- 통합학급 교사는 특수교육대상 학생의 현재 어려움(예: 학습, 행동, 학교생활)이 무엇인지를 명료화하고 긍정적 변화를 산출하기 위해서 핵심적으로 필요한 것이 무엇인지 파악하는 교사 간 협의에서 중추적 역할 수행
- 특수교육대상 학생의 문제에 관한 중재 목표를 공동으로 개발하고 이를 위한 가장 효율적 계획 수립
- 공동으로 개발된 중재계획에서는 누가, 무엇을, 언제, 어떻게 실시할 것인지를 구체적으로 명시하고 계획에 따라 담당 교사들이 책임감 있게 실행

2. 영역 III: 통합학급 교사 지표가 반영된 통합교육 실제 사례

통합학급 교사 영역 지표 실행 사례 1: 교사들과 또래들이 만드는 통합학급

*관련지표: '지표 36-교사들의 협력과 공동책임'

2학년 연주(가명)는 사지마비로 인해 양 팔과 발을 쭉 뻗고 엉거주춤 걸으며 연필이나 문고리를 잘 잡지 못한다. 이름을 부르면 반응하나 말 대신 손이나 몸을 흔들며 의사소통을 하였고, 대소변 문제로 위생패드를 사용하고 있었다. 움직이는 사물을 보면 따라갔고, 계단을 보면 갑자기 뛰어서 올라가거나 내려갔으며, 무료하면 침을 손에 잔뜩 묻힌 후 얼굴에 문질렀다. 학년 초 일반학생들은 이런 연주의 행동에 거부감이 매우 심하였다.

박 교사는 일반학생들과 연주의 상호작용을 강요하기보다는 바람직한 의사소통 방법을 충분히 시범 보여주었다. 연주의 작은 변화나 긍정적 행동에 대해 지속적으로 칭찬하였으며, 또래 칭찬 활동, 분노 대처 프로그램, 고운 말 쓰기 활동 등을 꾸준히 실시하였다. 박 교사는 연주의 문제행동 시 대처 방법을 일반학생들에게 주기적으로 안내하여 연주의 문제행동이 강화되지 않도록 하였고, 모든 학급 생활에 연주를 참여시켰다. 4월 초가 되자, 몇 명의 학생들이 연주에게 먼저 다가가기 시작하였다. 연주와 또래 간 상호작용이 증가하면서 아침 독서 시간과 쉬는 시간에 연주와 책을 읽거나 동요와 율동, 간단한

잡기 놀이를 하는 친구가 늘어났고, 박 교사는 이를 발전시켜 정규 놀이 시간을 편성하였다.

4월 말부터 계단을 보면 돌진하는 행동이 사라졌고, 연주가 또래와 손을 잡고 이동하는 것을 좋아하였기 때문에 특수교육실무원 대신 또래들이 자율적으로 연주의 교실 이동을 도왔다. 복도에서 연주를 보고 놀리는 1학년 학생들로 인한 갈등이 자주 발생하자 박 교사는 1학년용 장애이해교육 자료를 만들어 1학년 전 학급에 배부하였다. 또한 어머니의 차를 타고 등교하는 연주를 주차장에서 기다리다 함께 등교하는 또래들이 있었기에 박 교사는 활동보조원의 도움을 받아 연주가 또래가 함께 등교할 것을 어머니에게 제안하였다. 박 교사는 연주와 학급 학생들의 상호작용을 면밀히 관찰하였고, 상호작용을 늘리기 위한 프로그램을 고안하여 운영하였다.

박 교사는 특수교사와의 협력도 시도하였다. 박 교사는 특수교사와 이틀에 한 번꼴로 학급에서 있었던 일을 교내 메신저를 통해 나누었다. 특수교사는 박 교사의 수입을 참관하였고, 박 교사는 특수학급 교실과 방과 후 치료센터에서 수업한 연주의 교수학습 자료를 특수교사와 함께 살펴보며 특수학급과 통합학급에서의 수업 내용을 논의하였다. 박 교사와 특수교사는 얼굴에 침 묻히기, 때리기 등 연주의 문제행동에 대한 지도 방법을 통일시켰다. 특수교사가 인사하기, 대답하기, 젓가락 사용하기 등의 생활 기술을 연주에게 지도하면, 박 교사는 일반학급에서 관련 기술을 더욱 자주 사용할 수 있도록 수업과 학급 활동을 수정하였다. 또한 특수학급과 치료센터에서 줄긋기와 스티커 붙이기 활동을 자주 적용하기 때문에 박 교사는 교과서를 스캔하여 줄긋기와 스티커 붙이기가 가능한 교재를 개발하였다.

학년 말, 연주는 말로 간단하게 대답하거나 인사하기, 젓가락 사용하기, 손 기호를 사용한 의사소통 방식을 익혔다. 일반학생들이 학년 초에 가졌던 연주에 대한 거부감은 완전히 사라졌으며 연주는 몇몇 학생들과 우정을 나누었다. 또래와의 상호작용 증가는 연주의 문제행동을 감소시켰으며, 또래 모방을 급격히 증가시키면서 연주는 특수교육실무원의 지원 없이 일반교실에서 생활하게 되었다.

통합학급 교사 영역 지표 실행 사례 2: 함께 만든 학급 규칙

***관련지표: '지표 27-학급규칙 수립 및 운영'**

3월 2일 새 학교로 전학 온 성우가 갑자기 화를 내고 의자를 던지며 화를 내는 바람에 담임인 최 교사와 같은 반 친구들은 새 학기 첫날부터 당황할 수밖에 없었다. 아이들은 새로 전학 온 아이가 이상하고 무섭다고 생각해서 가까이 다가가는 것도 어려워하였다. 최 교사는 성우의 어머니, 그리고 특수학급 교사와 함께 성우가 보이는 문제행동의 원인과 대처 방법을 상의하였다. 최 교사는 성우가 낯선 사람과 부딪히면 자기를 공격하였다고 생각해서 화를 심하게 내거나 자해행동을 한다는 것을 알게 되었다. 또한, 익숙한 사람과 부딪힐 때는 문제행동이 심하게 나타나지 않는 것도 알게 되었다.

최 교사는 학기 초 학급회의 시간에 학급 규칙을 결정하기로 하였다. 최 교사는 학생들에게 우리 학급이 일 년간 즐겁고 평화롭게 지낼 수 있는 '5가지 규칙'을 만들 것을 제안하였고, 여기에 성우가 보이는 문제행동의 원인을 설명해주면서 성우와 함께 잘 지낼 수 있는 규칙까지 생각해보면 좋겠다고 하였다.

학생들이 정한 학급 규칙은 '1. 등교 시간을 지키자, 2. 1인 1역을 잘 하자, 3. 약속을 잘 지키자, 4. 서로 부딪히지 않게 조심하자, 5. 다른 사람과 부딪히면 바로 사과하자'였다. 학생들은 학급 규칙을 잘 지켰고, 2개월 정도 지난 후에는 성우가 같은 반 친구들과 부딪힐 때 공격이나 자해를 하는 경우도 거의 나타나지 않았다.

학기 말 최 교사는 처음에는 성우 때문에 만든 규칙이었지만 일 년간 모든 학생들이 그 규칙을 지키려고 노력하면서 일반학생들 간의 싸움이 줄어들었고 다른 반에 비해 학생 간 갈등이 거의 일어나지 않아 학급을 운영하는 것이 용이했다고 하였다.

3. 영역 III: 통합학급 교사 지표 실행을 위한 참고자료

인터넷 자료

국립특수교육원(www.kise.go.kr)

국립특수교육원 부설 원격 연수원(http://iedu.knise.kr)

대구 사이버 대학교 원격 연수원(http://cyberedu.dcu.ac.kr)

한국통합교육연구회(http://www.inclusion.co.kr)
보편적 교수 설계 관련(http://www.cast.org)

교육부 발행 자료

교육부(2017). 초·중등학교 통합교육 실행 가이드북 I: 초·중등학교 공통.

교육부(2017). 초·중등학교 통합교육 실행 가이드북 II: 초등학교 적용 사례.

교육부(2017). 초·중등학교 통합교육 실행 가이드북 II: 중등학교 적용 사례.

교육청 발행 자료

국립특수교육원(2016). 장애학생 평가조정 매뉴얼.

경기도교육청(2010, 2011). 통합교육실천 우수사례집.

경기도교육청(2016). 교육과정 수업 평가의 행복한 만남.

부산광역시교육청(2010). 통합교육을 위한 초등학교 실과교과용 지도서.

서울시교육청(2011). 서울형 통합교육 모형 개발 연구.

서울시교육청(2011). 통합교육 함께하기.

인천시교육청(2017). 정서행동장애 학생을 위한 협력체제 지원 가이드북.

인천시교육청(2013-2015). 통합교육 실천사례 연구발표 대회 우수사례집.

지역별교육청(2018). 특수학교(급)별 학생 평가 지침.

지역별교육청(2018). 초등학교 교육과정 편성 및 운영 지침

단행본 자료

김동일, 이대식, 신종호(2016). 학습장애아동의 이해와 교육(3판). 서울: 학지사.

김은주 역(2012). 효과적인 교실관리. 서울: 시그마프레스(원저자 Hardin, C. J. 2011. 출판).

김진호, 김미선, 김은경, 박지연 역(2017). 긍정적 행동중재와 지원. 서울: 시그마프레스(원저자 Scheuermann, B. K. 2010. 출판).

박승희, 최재완, 홍정아, 김은하 역(2014). 장애학생의 일반교육과정 접근: 통합학급 수업참여 방안. 서울: 학지사(원저자 Nolet, V., & McLaughlin, M. J. 2005. 출판).

박승희, 최하영, 박은영, 김은하 역(2018). 특수교육요구 학습자 어떻게 가르칠 것인가: 증거기반 교수전략의 적용. 파주: 교육과학사(원저자 Mitchell, D. 2014. 출판).

박지연, 김예리 역(2019). 표적집단을 위한 긍정적 행동지원: 문제행동의 조기예방과 대응을 위한 표적집단 중재. 서울: 학지사(원저자 Riffel, L. A., & Mitchiner, M. 2015. 출판).

배호순(2008). 교육프로그램 평가론. 서울: 원미사.

서명석, 곽유진, 김외솔 역(2011). 수업전문성(9판). 서울: 아카데미프레스(원저자 Cooper, J. M. 2010. 출판).

서선진, 안재정, 이금자 역(2010). 학습문제가 있는 학생들을 위한 특수교육 교수방법 (7판). 서울: 학지사(원저자 Mercer. C. D. & Mercer. A. R. 2008. 출판).

서울 경인 특수학급 교사 연구회(2013). 통합교육지원 프로그램: 서로 다른 아이들이 함께 만드는 우정. 서울: 학지사.

손우정(2012). 배움의 공동체. 서울: 해냄.

이대식, 김수연, 이은주, 허승준(2018). 통합교육의 이해와 실제: 통합학급에서의 효과적인 교육 방법(3판). 서울: 학지사.

이병진, 권동택, 정광순 역(2008). 공동체로서의 학급 운영. 서울: 원미사.

이소현, 박은혜(2011). 특수아동 교육. 서울:학지사.

전선주, 이진, 박주리, 박소영(2012). 아하! 통합학급: 모든 이를 위한 통합교육의 실제. 서울: 학지사.

조정연 역(2011). 문제행동예방: 성공적 예방전략 핸드북. 서울: 박학사(원저자 Algozzine, R. & Kay, P. 2001. 출판).

한국통합교육연구회 편(2014). 아하! 통합교육: 행복한 교실을 위한 통합교육 교재. 서울: 학지사.

Udvari-Solner, A.& Kluth, P. M.(2007). *Joyful learning: Active and collaborative learning in inclusive classrooms*. Thousand Oaks, CA: Corwin Press.

Evertson, C. M., Emmer, E.T., & Worsham, M. E.(2003). *Classroom management for elementary teachers*(6th Edition). Boston: Allyn and Bacon

논문 자료

권현수, 박승희, 박지연, 전상신, 최승숙(2017). 전국 초등학교 통합교육 환경에서 인성교육과 봉사학습 실행 실태. 교육과학연구, 48(2), 21-47.

김보경, 박지연(2017). 학년 단위의 긍정적 행동지원을 통해 실시된 보편적 지원이 통합학급 초등학생의 사회적 능력, 수업참여행동 및 학교 분위기에 대한 인식에 미치는 영향. 정서·행동장애연구, 33(1), 85-105.

박승희(2015). 봉사학습(service learning)이란?: 개념, 실행 및 성과. 이화여자대학교 특수교육연구소 편, 통합교육 환경에서 봉사학습의 교육적 가치와 프로그램 실행효과(pp. 3-32). 서울: 이화여자대학교 특수교육연구소.

박승희, 장혜성, 전상신(2017). '꽃보다 봉사' 어린이집 봉사학습에 참여한 장애 및 비장애 초등학생과 유아의 경험과 성장에 관한 질적 연구. 특수교육학연구, 52(1), 45-77.

박윤희, 박승희(2007). 초등학교 통합학급의 인기 장애학생의 인기요인 분석. 특수교육학연구, 42(1), 1-22.

양여경, 박승희(2014). 노인정 봉사학습이 초등 통합교육 환경의 장애학생과 일반학생에게 미친 영향. 특수교육, 13(2), 75-109.

이대식(2007). 성공적인 통합교육에 필요한 일반교육의 조건. 통합교육연구, 2(1), 1-27.

이승구, 박승희(2011). 수학과 학급차원 또래교수가 초등 통합학급 학생들의 수학 학습태도와 수학 학업성취도에 미치는 영향. 초등교육연구, 24(3), 297-324.

이영아, 박승희(2014). 협력교수를 통합 초등 통합 진로교육 프로그램이 통합학급 학생들의 진로성숙도와 학습동기에 미치는 영향. 특수교육, 13(1), 245-271.

이효정, 박은혜(2001). 학급구성원자격에 대한 초등학교 학생들의 인식. 언어청각장애연구, 6(1), 191-217.

조선화, 박승희(2011). 보편적 학습 설계를 적용한 초등 과학 통합수업이 통합학급 학생들의 과학 학습성취도에 미치는 영향. 특수교육학연구, 46(20), 51-84.

안선영, 조윤경(2014). 어린이집 완전통합을 경험한 장애아동 부모가 인식하는 초등 통합의 어려움과 지원요구. 특수아동교육연구, 16(2), 255-285.

최혜리, 박승희(2018). 서울 지역 초등학교의 통합교육 실행에 대한 특수교사와 일반교사의 평가: 초등 통합교육 질 지표를 중심으로. 특수교육학연구, 53(2), 23-52.

한경인, 남혜진, 이현주, 박승희(2016). 통합학급 교사와 특수교사의 장애이해 교육 실시 경험: 교사들의 장애이해는 이대로 좋은가? 특수교육, 15(4), 5-32.

Baumgart, D., Brown, L., Pumpian, I., Nisbet, J., Ford, A., Sweet, M., Messina, R., & Schroeder, J.(1982). Principle of partial participation and individualized adaptations in education programs for severely handicapped students. *Journal of the Association for the Severely Handicapped*, 7 (2), 17-27.

Evertson, C. M., & Poole I. R.(2002). *Effective room arrangement*. The IRIS Center(http://iris.peabody.vanderbilt.edu).

7장

학부모의 역할 목록과 역할 수행 지침

1. 영역 IV: 학부모 지표 37부터 지표 41까지 역할 목록

● 학부모 지표 5개(지표 37-지표 41) ●

[지표 37] 특수교육대상 학생 학부모의 자녀에 대한 정보 제공
[지표 38] 특수교육대상 학생 학부모의 개별화교육계획 참여
[지표 39] 특수교육대상 학생 학부모의 자녀 학교생활 적응 지원
[지표 40] 학부모간 협력 및 학교 행사 참여
[지표 41] 일반학생 학부모의 학생 간 사회적 관계 형성 지원

지표 37 특수교육대상 학생 학부모의 자녀에 대한 정보 제공

특수교육대상 학생 학부모는 통합학급 교사와 특수교사에게 면담, 문서, 전화 등의 방법으로 특수교육대상 학생 자녀에 대한 정보를 제공한다.

지표 37 선정 배경 및 중요성

통합교육 실행에서 협력의 중요성은 아무리 강조해도 지나치지 않다. 특히, 교사와 학부모 간의 협력은 학생들의 전인적 발달을 위한 지원 과정과 가장 적합한 교육 제공을 위해 일관되고 체계적인 접근을 하는 데 토대가 된다. 학생이 학교에 있는 시간 보다 더 긴 시간을 보내는 가정의 분위기, 학부모의 양육 태도, 형제 관계, 성장 과정에서 특이 정보, 의료적 처치 내용과 같은 정보는 학생에 대한 이해를 증진시키는 데 필수 자료가 된다. 덧붙여, 학생이 이전에 받은 진단평가 결과 및 치료 지원과 관련된 정보들은 교사가 학생에 대한 구체적인 교육 계획을 세우는 데 필요한 참고자료가 된다. 학부모와 교사 간의 학생에 대한 정보 공유는 협력적인 지원 체계를 구축하고 학부모-교사 간의 신뢰감 형성에 필수적이다. 교사는 학부모와 신뢰할 수 있는 관계를 유지하고 필요한 정보를 얻어 교육계획 고안에 그 정보를 반영할 수 있어야 한다. 또한 교사는 학부모가 자녀를 위한 교육에 주요 파트너가 될 수 있도록 촉진할 수 있어야 한다. 학부모는 적극적인 정보 제공 및 지원의 한 주체로서 자녀에게 가장 적합한 교육을 제공하는 데 적극적 참여자가 되어야 한다.

지표 37 실행을 위한 역할 목록 및 지침

37-1. 특수교육대상 학생의 부모는 자녀 교육을 위해 교사와의 정보 공유가 필요함을 인식한다.

- 자녀의 교육적 효과를 최대화하기 위해 정보 공유의 중요성 인식
- 자녀의 교육에 필요한 진단, 평가, 교육관련 자료 기록, 보유 및 관리
- 가정 및 지역사회에서 자녀의 수행 및 생활에 대한 정보 수집 및 보관

37-2. 특수교육대상 학생의 부모는 특수교사, 일반교사 모두와 신뢰에 기초한 협력 관계를 구축한다.

- 학교 교육에 대한 불신 정도를 스스로 점검, 교사에 대한 믿음을 적극적으로 학교에 전달

- 학교 행사(예: 현장학습, 수학여행, 운동회 등) 시 통합학급 교사나 특수교사에게 자녀의 건강 조건, 약물 복용 및 다른 지원 요구와 관련된 정보 제공
- 교사와의 공식적 및 비공식적 상담에서 신뢰할 수 있고 타당한 정보 제공
  (예: 가정에서의 행동에 대한 정확한 관찰 정보)
- 개인정보 관리에 대한 동의 및 확인
- 정보의 공유가 학부모의 교육적 참여의 첫 단계 일부임을 인식
- 제공된 정보가 잘 관리되고 교육 활동에 반영되고 있는지 확인

지표 38 특수교육대상 학생 학부모의 개별화교육계획 참여

특수교육대상 학생 학부모는 자녀의 IEP 작성 시 의견 반영 및 동의 제공을 위한 기회를 갖고 적극적으로 참여한다.

지표 38 선정 배경 및 중요성

특수교육 분야에서는 부모의 적극적인 협력자 역할이 강조되고 있으며, 「장애인 등에 대한 특수교육법」에서도 개별화교육계획 작성 시 특수교육대상자 본인 혹은 보호자에게 의견 진술의 기회를 보장하고 있다. 이를 통해 부모에게 자녀의 교육 내용과 방법을 선택할 수 있는 권한을 부여하고 있는 것이다. 특수교육대상 학생의 교육 지원을 위한 의사소통 과정에서 개별화교육지원팀은 학부모의 요구와 의견이 최대한 반영될 수 있도록 개방적이고 협력적으로 운영되어야 한다. 또한 학부모는 개별화교육계획의 중요성을 인식하고 자녀의 교육적 지원 요구를 명확하게 표현하여 IEP 작성에 적절히 반영되고 그 실행이 효과적으로 이루어질 수 있도록 협력하여야 한다.

지표 38 실행을 위한 역할 목록 및 지침

38-1. 특수교육대상 학생 부모는 개별화교육지원팀 회의에 참여한다.

- 최소 연 2회 자녀의 개별화교육지원팀 회의 참석
- 개별화교육지원팀에게 자녀에 대한 필요한 정보 제공
- 개별화교육계획 작성 시 교육적 요구와 지원에 대한 의견 개진
- 개별화교육지원팀 회의 내용 서면 확인 및 서명

38-2. 특수교육대상 학생 부모는 개별화교육계획 내용을 확인하고 서명한다.

- 자녀의 개별화교육계획서 내용 확인 및 수정 요구
- 개별화교육계획서에 서명
- 개별화교육계획에 따른 교육 실행에 대한 지속적 모니터링

지표 39 특수교육대상 학생 학부모의 자녀의 학교생활 적응 지원

특수교육대상 학생의 학부모는 자녀의 학교생활 적응을 지원한다.

지표 39 선정 배경 및 중요성

모든 학생들이 학교생활을 해나가는 과정에서 크고 작은 어려움과 갈등을 겪게 된다. 특수교육대상 학생들은 일반학생들에 비해 인지능력, 의사소통기술, 사회적 기술, 자기 관리 기술, 운동 및 이동 능력 등이 상대적으로 취약할 수 있기 때문에 일반학생들보다 더 많은 어려움을 겪을 수 있다. 이에 특수교육대상 학생이 학교생활에서 잘 적응하기 위해 교사 및 학교 관계자의 지원과 더불어 학부모의 적극적 지원 또한 필수적으로 필요하다.

지표 39 실행을 위한 역할 목록 및 지침

39-1. 특수교육대상 학생의 학부모는 학교에서 제시하는 안내사항을 확인하여 자녀의 학교생활 적응을 지원한다.

- 알림장과 가정통신문 내용을 매일 읽고 확인
  (예: 학교 알림장 앱, e알리미, 학교 홈페이지 등 활용 가능)
- 주간학습안내 등을 통해 준비물을 미리 확인하며 충분한 여분 준비
- 자녀의 현행 수행 수준과 상태에 따라서 모든 학생을 위한 안내 사항이나 과제의 변경 가능성 여부를 교사와 즉각 논의하여 자녀의 학교생활 적응과 참여를 적극 지원

39-2. 특수교육대상 학생의 학부모는 기본 생활습관 형성을 도우며 자녀의 학교생활 적응을 지원한다.

- 자녀의 학급 과제 지원(자녀의 수준에 따라 일반학생들과 최대한 유사한 형태로 과제를 수행하도록 지원)
- 모든 학용품에 자녀의 이름 표시
- 사물함과 책상 정리를 돕기 위한 바구니, 종이백, 파일 정리함 등을 준비
- 가정에서 기본적인 준비물(필통, 알림장 등)을 챙기는 연습을 지속적으로 실시
- 가정에서 차례 기다리기, 화장실 사용, 주변 정리하기, 질문은 손들고 말하기, 남의 물건은 허락받고 사용하기 및 식사 예절 관련 지도를 지속적으로 실시

39-3. 특수교육대상 학생의 학부모는 자녀와 또래와의 친구 관계 형성을 도우며 자녀의 학교생활 적응을 지원한다.

- 자녀의 위생과 의복에 유의
  (예: 속옷을 포함한 여벌의 옷을 학교에 보관)

- 같은 학급 친구들에게 필요하다면, 자녀의 장애에 대한 간단한 설명 제공
- 방과 후 또래 친구 초대
  (예: 생일 파티 등)
- 같은 동네에 사는 같은 학급 친구와 등하교 시간 맞추어보기
- 가정에서 자녀의 사회성 기술 및 놀이 기술에 대한 연습을 지속적으로 실시
- SNS를 포함한 다양한 학급 모임에 참여
- 또래 친구들의 학부모들과 사적으로 교류
- 자녀의 학급이나 학교 행사에 학부모로서 적극 참여
- 학급이나 학교 행사에서 학부모의 일원으로 일반학생 학부모와 협력하고 긍정적 사회적 관계를 형성하고 유지하도록 노력
  (예: 자녀들 사이에 긍정적 또래 관계 형성과 유지에 학부모 간의 긍정적 사회적 관계가 우호적 영향을 미칠 수 있음)

지표 40 학부모 간 협력 및 학교 행사 참여

특수교육대상 학생의 학부모는 학교공동체 내 한 구성원으로서 교사 및 다른 학부모와 협력하여 학교 및 학급 행사에 참여하고 지원한다.

지표 40 선정 배경 및 중요성

우리 사회에 장애인에 대한 고정관념이나 편견, 나아가 부정적 인식은 학교에도 실재한다. 학교는 우리 사회의 축소판의 모습을 보여준다. 통합교육 환경 내에서 특수교육대상 학생의 학부모들은 주위에서 장애에 대한 부정적 시각이나 자녀의 부족한 능력이나 외모가 일반학생과 비교되는 점 등으로 일반학생의 학부모들과

의 관계에서 상처를 입거나 소외감 및 사회적 고립을 경험할 수도 있다. 이러한 고립감은 학부모의 자녀의 교육에 대한 적극적 참여와 학교 및 학급 행사에 다른 학부모와 협력하여 참여함으로써 어느 정도 감소될 수 있다. 특수교육대상 학생 학부모의 적극적인 협력과 참여는 일차적으로 자녀와의 관계를 개선시키고 자녀의 통합교육의 질 향상에 도움이 되며, 자신의 고립감을 해소시키면서 동시에 학교관리자, 통합학급 및 특수교사, 학생 및 학부모 모두의 장애인식 개선에 도움을 준다.

지표 40 실행을 위한 역할 목록 및 지침

40-1. 특수교육대상 학생의 학부모는 학교공동체 내 한 구성원으로서 교사와 협력하여 학교 및 학급 행사에 참여하고 지원한다.

- 학교 및 학급 행사 전 준비물 확인
- 학교 일정을 미리 파악하여 학교 행사에 적극 참여
(예: 학부모 총회, 학부모 상담, 학부모 수업 공개, 교내 학부모 연수 등)
- 학교 및 학급 행사와 관련된 의사결정 과정에 적극 참여

40-2. 특수교육대상 학생의 학부모는 학교공동체 내 한 구성원으로서 다른 학부모와 협력하여 학교 및 학급 행사에 참여하고 지원한다.

- 학교 차원의 학부모 위원회나 봉사 활동에 참여
(예: 학교운영위원회, 녹색 교통대, 급식소위원회 등)
- 일반학생의 학부모들과 지역사회의 다른 맥락에서 함께 활동하고 교류

지표 41 일반학생 학부모의 학생 간 사회적 관계 형성 지원

일반학생의 학부모는 자녀가 특수교육대상 학생과 사회적 관계를 형성하도록 돕는다.

지표 41 선정 배경 및 중요성

초등 통합학급에서 일어나는 또래 지원에 대한 한 질적 연구의 결과에 따르면(박승희, 홍정아, 2009), 특수교육대상 학생에 대한 또래 지원에 영향을 미치는 요소로: (1) 특수교육대상 학생과의 물리적 인접성, (2) 특수교육대상 학생의 개인적 특성, (3) 일반학생들의 모델링과 내적 강화, (4) 교사의 역할과 영향력, (5) 학부모의 영향력으로 나타났다. 일반학생들이 특수교육대상 학생에 대해 긍정적 태도와 인식을 갖도록 하는 데는 학교에서 이루어지는 교사와 또래의 사회적 지원 노력뿐만 아니라 가정에서 학부모가 직·간접으로 제공하는 통합 지원 노력이 필요함을 알 수 있는 결과이다.

가정에서 보이는 부모들의 장애에 대한 생각이나 통합교육에 대한 인식은 자녀들의 인식과 행동에 직접적인 영향을 미치게 된다. 그러므로 학교에서 '모든 학생들' 사이의 사회적 통합의 토대를 만들기 위해 학교와 교사는 학부모들의 통합교육에 대한 긍정적 태도 형성과 이해를 위한 정보 제공과 교육의 기회를 제공하여야 한다. 모든 학부모는 자녀가 학교에서 특수교육대상 학생을 포함한 다양한 배경과 특성을 가진 또래들과 우호적 사회적 관계를 형성하는 것이 자녀의 전인교육에 중요한 요소임을 인식하고 자녀들의 또래 관계에 대해 관심을 가지며 지원하는 것이 필요하다.

지표 41 실행을 위한 역할 목록 및 지침

41-1. 일반학생의 학부모는 통합교육에 대한 정보를 얻고 통합교육의 의의와 목적을 이해한다.

- 통합교육, 다문화, 학생 인권 등에 관련한 공청회, 지역 행사 및 인터넷을 통한 정보 얻기
- 통합교육의 의의와 목적 및 교육적 성과를 안내하는 학부모 연수 참여
- 장애를 포함한 다양성 이해를 위한 학부모 연수 참여
- 통합교육 및 장애인식 개선과 관련된 가정통신문을 통해 정보 얻기

41-2. 일반학생의 학부모는 자녀가 특수교육대상 학생과 사회적 관계를 형성하도록 지원한다.

- 특수교육대상 학생과 같은 학급이 된 것에 대해 긍정적 반응과 정서적 지지를 가정에서 대화로 나타내 보이기
- 자녀에게 통합교육의 장점과 의의에 대한 설명
- '모든 사람'은 강점과 취약점이 있다는 것을 설명
- 또래 간 갈등을 해결하는 적절한 방법 제공
- 특수교육대상 학생이 보이는 평범하지 않은 행동에 대해 긍정적 언어로 설명
  (예: 세상에는 다양한 사람들이 있고 각자 다양한 방법으로 행동하는 것을 서로 이해해야 한다는 것, 이해가 안 되는 점은 또래보다는 교사에게 질문하기 등)
- 학급이나 학교 행사에서 일반학생 학부모는 특수교육대상 학생 학부모와 함께 학부모의 일원으로 적극적으로 협력하고 학부모 간의 사회적 관계가 돈독하게 되도록 노력
  (예: 학부모간의 좋은 사회적 관계가 자녀들의 또래 관계에 긍정적 영향을 미칠 수 있음)

2. 영역 IV: 학부모 지표가 반영된 통합교육 실제 사례

학부모 영역 지표 실행 사례 1: 어머니가 보내주신 편지

***관련 지표: '지표 37-특수교육대상 학생 학부모의 자녀에 대한 정보 제공''**

주희는 경도의 청각장애, 지적장애, 지체장애의 중복장애를 갖고 있는 2학년 학생으로 보청기와 다리가 휘지 않도록 돕는 보조기구를 착용하고 생활한다. 1학년 때 주희는 매일 2시간씩은 특수학급에서 국어, 수학 수업을 받았다. 3월 말 IEP 회의 시 1학년 때 주희를 지도한 특수교사와 한 달 동안 주희를 지켜본 2학년 통합학급 박 교사는 주희가 '완전통합'이 가능할 것 같다는 의견을 냈다. 주희 어머니는 1학년 때 주희가 특수학급과 통합학급에서 생활하였던 이야기를 전달하며 우선 한 달 동안만 완전통합을 실시하고, 이후 주희가 힘들어하면 다시 특수학급에서 수업을 하기로 결정하였다.

2학년 1학기 통합교과의 주제가 '몸'이여서 주희의 담임인 박 교사는 일반교육과정에 주희가 착용하고 있는 '보청기'와 '보조기구'에 관한 이야기의 삽입을 통해 학생들이 신체의 모양이 다양함을 알기를 원하였다. 박 교사는 이 내용을 주희 어머니에게 전달하였고, 어머니는 주희의 보조기구와 보조기구 착용 사진을 교실로 보내주어 이를 수업 자료로 활용할 수 있었다. 또한 학생의 성장 과정을 도표로 나타내고 발표하는 수업 시, 주희 어머니는 주희의 장애에 대한 간단한 설명과 주희를 대할 때 바라는 점을 편지로 써서 보냈고, 박 교사는 이를 학급의 학생들에게 읽어주었다. 원래 계획은 주희 어머니가 잠깐 학급을 방문하여 안내하기로 하였으나 어머니가 감정이 복받쳐서 눈물이 날 거 같다고 하여 편지로 대신하게 되었다. 이러한 수업을 통해 학급 학생들은 주희의 장애를 다양성의 한 측면으로 받아들일 수 있었고, 학생뿐만 아니라 교사 역시 주희에 대해 새로운 정보를 접할 수 있었다.

한 달만 해 보자는 주희의 완전통합은 한 학기를 다 채우고 2학기를 바라보고 있다. 주희는 학습적인 면에서는 약간 부족하거나 느린 부분이 있으나 학급 친구들은 주희를 돕거나 기다리며 잘 해결해 나가고 있다. 주희는 박 교사가 교실에 들어오면 전날 있었던 이야기를 쏟아내고, 쉬는 시간마다 친구들과 함께 즐겁게 놀고 있으며, 주말에도 친구들과 약속을 정해 놀이터에서 만나 놀고 있다.

학부모 영역 지표 실행 사례 2: 학생의 성장을 돕는 부모의 힘

*** 관련 지표: '지표 40-학부모간 협력 및 학교 행사 참여'**

통합학급 경험이 많은 최 교사는 올해 맡은 지우 어머니가 무척 감사하다. 이전에 가르쳤던 특수교육대상 학생들의 어머니들은 교사에게 미안하다고만 하시고 학급 일에 참여를 안 하시거나 또는 지나치게 자신의 자녀를 중심으로 학급 운영을 요구하여 난감한 경우가 있었기 때문이다. 그러나 지우 어머니는 학교 일에 적극적으로 참여해주셨다. 녹색교통대나 급식위원회 등 학교 쪽에서 도움을 필요로 할 때 지우 어머니는 항상 참여 신청을 해주셨다. 학부모 참관 수업 시에도 학부모의 참여가 필요한 순간에 지우 어머니가 앞장서주어 수업을 잘 마칠 수가 있었다.

지우는 1학년 특수학급 수업을 통해 받아올림과 받아내림이 없는 한 자리 수끼리의 덧셈과 뺄셈을 할 수 있었으나 일반교육과정을 따라오려면 받아올림과 받아내림을 할 수 있어야 하였다. 이에 최 교사는 지우를 포함하여 연산이 부족한 학생들에게 주기적으로 학습지를 가정에 보냈는데, 학급 학생 중에서 지우만 제시된 과제를 한 학기 동안 꾸준히 완성하여 왔다.

최 교사는 지우의 어머니가 협조적이며 긍정적이라는 믿음을 갖고 있었기 때문에 지우가 아주 작은 행동의 변화를 보일 때마다 편하게 연락할 수 있었고, 지우의 학교생활에 관련된 이야기 역시 부담 없이 나눌 수 있었다. 학교와 가정에서 일관되게 지우를 지도하다 보니 지우의 사소한 문제행동들도 줄어들기 시작하였다.

3. 영역 IV: 학부모 지표 실행을 위한 참고자료

인터넷 자료

국립특수교육원의 장애학생부모 양육 가이드북:

http://www.nise.go.kr/upload/ebook/list.html
긍정적 자녀 양육 프로그램(Positive Parenting Program, Triple P) 관련:
http://www.resourcingparents.nsw.gov.au/(한국어 지원)

단행본 자료

박지연(2012). 장애인 가족지원을 위한 증거기반의 실제. 서울: 학지사.

보건복지부(2017). 발달장애인 부모교육과정 매뉴얼. 서울: 진한엠앤비.

이경숙, 정희승, 이경옥 역(2012). 부모교육과 훈련 핸드북. 서울: 시그마프레스(원저자 Briesmeister, J. M., Schaefer, C. E. 2012. 출판).

이로미, 조아라, 박혜원(2017). 우리 아이 언어치료 부모 가이드: 자폐아동 및 의사소통에 어려움이 있는 아이를 위한. 경기도 파주: 수오서재.

정성묵(2018). 닉 부이치치의 너는 생각보다 강하다. 서울: 두란노(원저자 Vujicic, N. 2014. 출판).

한수희, 박미영(2017). 마음의 속도: 자폐성장애인 차승훈의 평범해서 특별한 일상의 기록. 서울: 마루비.

홍새나(2012). 그래도 난 너를 사랑해. 서울: 지와 사랑.

논문 자료

류재연(2017). 통합교육 실천을 위한 발달장애인 부모의 평생교육 참여저해 요인 분석. 통합교육연구, 12(1), 145-162.

박승희, 홍정아(2009). "안 그러면 종우는 맨날 맨 마지막에 밥을 먹게 돼서요": 통합학급의 비장애학생들이 장애학생에게 제공한 또래지원. 초등교육연구, 22(20), 307-334.
이금진, 박승희(2005). 장애자녀의 초등학교 취학유예 결정의 배경: 어머니의 의견과 해석을 중심으로. 특수교육, 4(2), 43-74.
이소현, 윤선아(2017). 자폐성 장애의 특성을 반영한 학교교육에 대한 부모의 인식 및 지원 요구. 자폐성장애연구, 17(2), 1-28.
임성택, 김나연, 주동범(2010). 초등학생이 지각한 부모의 양육태도와 교사관계 및 교우관계의 관련성. 한국교원교육연구, 27(3), 23-42.
전상신, 김은경(2013). 부모지원을 결합한 인지행동지도가 아스퍼거증후군 초등학생의 사회적 유능감과 부모의 효능감에 미치는 영향. 특수교육학연구, 48(3), 147-174.
정성하, 박승희(2005). 장애자녀의 일반 초등학교 입학 초기에 어머니가 느끼는 스트레스 요인. 유아특수교육연구, 23(3), 71-103.
Glazemakers, I., & Deboutte, D.(2013). Modifying the 'Positive Parenting Program' for parents with intellectual disabilities. *Journal of Intellectual Disability Research, 57*(7), 616-626.

8장

지원인력의 역할 목록과 역할 수행 지침

1. 영역 V: 지원인력 지표 42부터 지표 46까지 역할 목록

● 지원인력 지표 5개(지표 42-지표 46) ●

[지표 42] 학생에 대한 보조인력의 지원 제공
[지표 43] 교사에게 보조인력의 업무 보고 및 피드백 공유
[지표 44] 보건교사의 지원
[지표 45] 행정직원의 통합교육 지원
[지표 46] 학교운영위원회의 통합교육 지원

지표 42 학생에 대한 보조인력의 지원 제공

특수교육 보조인력은 교내외 각 환경에서 특수교육대상 학생의 특성과 교육 목표를 고려하여 계획된 지원의 방법과 정도에 따른 지원을 제공한다.

지표 42 선정 배경 및 중요성

특수교육 보조인력은 특수교육대상 학생을 위한 질 높은 통합교육 제공을 위해 필요한 지원으로 적합한 지원의 양과 질로서 기여하여야 한다. 우선 통합학급 교사와 특수교사를 통하여 개별 특수교육대상 학생 각각의 현행 수준과 특성 및 교육 목표를 숙지하는 것이 중요하다. 특수교육대상 학생별로 보조원의 역할에 대한 정확한 정보(예: 언제, 어디서, 누구에게, 무슨 지원을 어떻게 어느 정도)를 교사들로부터 제공받는다. 그에 따라 각 특수교육대상 학생에게 제공될 지원의 내용과 방법과 정도를 충분히 숙지하고 계획된 대로 지원을 정확히 제공한다. 특수교육 보조인력의 지원은 교사의 지도와 관리 하에서 학생에게 전달되는 지원임이 숙지되어야 하며 질 높은 통합교육 실행을 위해서 보조인력과 교사의 긴밀한 소통은 필수적 요건이다.

지표 42 실행을 위한 역할 목록 및 지침

42-1. 특수교육 보조인력은 통합학급에서 각 특수교육대상 학생별로 사전 개발된 지원 계획에 따라 지원을 제공한다.

- 특수교육대상 학생별 지원 내용 및 지원 방법을 숙지하고 정확히 실행
- 통합학급 지원 시간표 숙지 및 지원 시간 엄수
- 통합학급 교사와 특수교사가 제시한 각 학생의 요구를 충족시키는 절차와 방법을 준수하여 지원 제공
- 통합학급에서의 학생들 사이의 갈등 사항 예방 및 사회적 관계 촉진
- 통합학급이나 특수학급에서 학생들 사이에서 일어나는 '자연적 지원'을 존중하고 권장하며, 성급한 도움 제공은 지양하며 도움을 제공할 시점을 신중히 결정
- 일반학생에게는 특수교육대상 학생을 적절하게 지원하는 '모델'로서 역할 수행

42-2. 특수교육 보조인력은 학교 일과 중 학생의 수업 참여에 대한 직접 지원 외에 해야 할 업무 사항을 명확히 알고 실행한다.

- 특수교육 보조인력은 특수교사와 통합학급 교사와 함께 협의하여 지원 업무 사항에 대해 결정
- 학교 및 학년 행사에 따른 특별 지원 활동 계획의 공동 개발 및 실행
- 위험이나 돌발 상황에 대한 대처 방법을 '사전'에 숙지하여 실행
- 학교 폭력이나 집단 따돌림 의심 상황에 대해서는 즉각 학교 규칙에 의거해 교사에게 알림

42-3. 특수교육 보조인력은 통합교육 실행 과정에 필요할 것으로 고려되는 정보를 정확히 기록하고 통합학급 교사와 특수교사에게 제공한다.

- 통합학급에서 필요한 물리적, 교육적, 행동적 및 사회적 지원에 대한 정보를 특수교사에게 알림
- 학생들 사이에 일어난 사건(예: 학급 내 공격 행동이나 잠재적 학대 행동, 통합학급과 특수학급 사이의 이동 중 문제 등)에 대한 구체적 정보를 육하원칙(누가, 언제, 어디서, 무엇을, 어떻게, 왜)으로 상세히 기록
- 통합학급의 분위기와 학생들 전체에 대한 관찰 정보를 교사들과 공유
- 통합학급 또래 지원의 성격에 대해 교사들과 의견 공유
- 통합학급 교사의 전달 사항을 특수교사에게 알림

42-4. 특수교육 보조인력은 계획대로 일지를 매일 정확하게 기록한다.

- 특수교육 보조인력이 통합학급에서의 특수교육대상 학생의 수행과 또래의 반응 등에 관한 정보를 정확히 수집할 수 있도록 교사가 구체적인 사전교육이나 연습 시간과 지침 제공하도록 요청
- 특수교육 보조인력은 매일 정확한 일지 기록을 수행해야 하는데 초기에는 기록한 일지에 대한 교사의 피드백을 요청하고 수정 보완

(예: 관찰하는 행동에 따른 관찰이나 측정 방법 지침, 교실에서 학생의 수행이나 반응을 관찰자의 입장에서 '해석하지 말고' 객관적으로 기술, 특이한 사항의 기록은 시간이 지나면 잊을 수 있으므로 수업 후 곧바로 기록함)

지표 43 교사에게 보조인력의 업무 보고 및 피드백 공유

특수교육 보조인력은 업무 내용을 교사들에게 보고하고 피드백을 받는다.

지표 43 선정 배경 및 중요성

특수교육 보조인력의 경우, 통합교육 지원 과정에서 특수교육대상 학생과 많은 시간을 보내고 있으므로 학생의 수행 정도에 관한 의미 있는 정보를 제공할 수 있다. 이에 특수교사는 특수교육 보조인력과 긴밀한 협력 관계를 구축하여 대상 학생의 통합학급 및 특수학급 내에서의 수행 정보를 수집하여 공유하도록 한다. 또한 특수교사는 특수교육대상 학생의 학습 및 생활 지원과 관련하여 보조인력이 실시해야 하는 업무의 명확한 안내와 이들의 수행에 관한 피드백을 제공하여 보조인력이 보다 효과적으로 질 높은 통합교육 지원을 할 수 있도록 지원한다.

지표 43 실행을 위한 역할 목록 및 지침

43-1. 특수교육 보조인력은 특수교육대상 학생 지원과 관련한 피드백을 교사들로부터 제공받는다.

- 통합학급 교사와 특수교사가 안내한 내용에 따라 지원을 실시하고 이에 대한 수정이 필요한 경우 교사들과 협의 후 진행
- 보조인력이 지원 내용과 관련하여 요구되는 지식과 기술이 있다면 특수교사는 이를 습득하고 연습할 수 있는 교육 기회나 정보 제공

- 교사들은 특수교육 보조인력의 역할을 학부모와 공유

43-2. 특수교육 보조인력은 학생 수행을 관찰하고 교사들에게 관찰한 내용을 제공한다.

- 통합학급 수업에서 통합학급 교사가 파악하지 못한 특수교육대상 학생의 학업적 반응, 문제행동 및 사회·정서적 반응 등에 대한 정보를 교사들에게 제공
- 교사 자신들이 파악하지 못할 수도 있는 통합학급 수업에서 특수교육대상 학생의 주의 집중, 착석 여부, 건강 문제, 부적응 행동 여부와 정서적 측면에서의 또래와의 관계 형성에 대한 정보, 통합학급 교사와의 관계, 특수학급 교사와의 관계를 관찰하고 이를 교사들에게 공유
- 특수교육 보조인력은 매일 학생의 특이 사항을 교사에게 제공

43-3. 특수교육 보조인력은 특수교육대상 학생 지원에 대한 자신의 역할을 점검하고, 수정한다.

- 특수교육 보조인력은 특수교육대상 학생 각각의 특성과 교육 목표에 대한 정보를 숙지하며 이를 달성하기 위해 자신이 해야 하는 각각의 지원 내용을 교사와 협의 후 목록화
- 특수교육 보조인력은 특수교육대상 학생의 장기 결석이나 전학 등에 따라서 자신이 지원할 학생의 변화나 역할의 변동에 대해 교사와 상의하여 변화된 자신의 역할을 원만히 수행

43-4. 특수교육 보조인력은 교사의 지도하에 학부모와의 상호작용을 한다.

- 특수교육 보조인력은 통합학급 교사나 특수교사가 인지하지 못하는 맥락에서 학부모와 별도의 상호작용 자제
- 특수교육대상 학생이나 통합학급 일반학생에 대한 개인정보에 대한 비밀 유지

- 학부모가 사전 계획 없이 특수교육 보조인력에게 특별한 사안에 대해 면담을 하였다면 그 내용을 교사들과 즉각 공유

지표 44 보건교사의 지원

보건교사는 특수교육대상 학생에 대한 건강관리를 계획하고 실행한다.

지표 44 선정 배경 및 중요성

자기관리 능력에 제한성이 있는 특수교육대상 학생들은 일반학생들보다 위생 관리에 더욱 어려움이 있고, 위험한 상황에 더 자주 노출된다. 또한 몇몇 특수교육대상 학생들은 장애의 특성상 면역력이 낮아 특정 환경과 질병에 취약하며 지속적인 의료적 처치를 필요로 한다. 특수교육대상 학생들의 건강 관리와 교육은 학생의 건강 및 학교생활에 직결되는 중요한 사항이나 교육학을 전공한 통합학급 교사와 특수교사가 담당하기에는 어려움과 한계가 있다. 이에 학교구성원 중 유일한 의료적 전문가인 보건교사는 통합학급 교사와 특수교사와 학생의 만성질병이나 유행병 및 건강 조건에 대해 의사소통하며 특수교육대상 학생의 건강을 유지하는 데 필요한 조치에 대해 전문적 조언을 제공할 수 있다.

지표 44 실행을 위한 역할 목록 및 지침

44-1. 보건교사는 건강 이상 학생 및 특수교육대상 학생을 파악하고, 주기적인 점검을 한다.

- 모든 담임교사와 특수학급 교사로 부터 학급의 건강 관련 특이 학생 및 특수교육대상 학생에 관한 정보 수집
- 학생건강조사서, 신체검사 및 정서·행동 검사 결과 수집 및 점검

- 건강 위험 학생별 응급상황 대처 계획 수립
  (예: 기본 인적 사항, 응급 상황 시 연락처, 학생이 자주 다니는 병원 및 의사 성함과 연락처, 현재 질병, 복용 약물, 의료 치료 관련 과거 이력, 알레르기 유발 약물이나 음식, 건강 관리 시 주의 사항. 응급 상황 시 처치법, 응급 처치 실패 시 대처 방법)
- 특수교육대상 학생의 주기적인 신체 상태 점검

44-2. 보건교사는 특수교육대상 학생의 의료적 정보를 전교직원과 특수교육대상 학부모에게 제공하여 관리를 돕는다.

- 건강장애학생의 개별화교육계획(IEP) 회의에 반드시 참여
- 특별한 건강 관리가 필요한 경우, 개별화교육계획(IEP)에 건강 관리 계획 포함
- 지역 및 교내 전염병에 대한 정보를 전 교직원에게 안내하며, 전염병이 건강 위험 학생에게 미칠 영향과 대처법을 통합학급 교사와 특수교사에게 추가 안내
- 전 교직원 대상 '응급상황 대처방법 연수'에 특수교육대상 학생에게 발생할 수 있는 응급 상황과 대처 방법 포함
- 특수교육대상 학생의 보건실 방문 시, 치료 내용을 통합학급 교사와 특수교사 및 학부모에게 전달

44-3. 보건교사는 필요한 경우, 특수교육대상 학생의 의료적 정보를 통합학급 학생들에게 제공한다.

- 보건교육 계획 시, 특수교육대상 학생에게 또래 지원이 필요할지 미리 예상하고 지도 계획에 포함
- 또래가 알아야 하는 특수교육대상 학생의 의료적 정보(예: 뇌전증, 발작 등)가 있을 시, 학생들에게 안내하여 사회적 거리감을 느끼지 않도록 도움
- 특수교육대상 학생에게 발생할 수 있는 응급 상황과 또래가 알아야 하는 대처 방법 안내

지표 45 행정직원의 통합교육 지원

행정직원은 학교 및 학급 운영에서 특수교육대상 학생의 통합교육을 위한 행정적인 지원을 제공한다.

지표 45 선정 배경 및 중요성

통합교육의 성공적 실행을 위해서는 모든 학생이 학교에서 진행되는 교육활동에 차별 없이 참여할 수 있도록 하기 위한 행정적 지원이 요구된다. 학교 행정실의 경우, 특수교육대상 학생의 통합교육을 위한 인력 활용, 편의시설 설치 및 관리를 비롯한 장애학생 교육행정 업무를 담당하고 있어 행정직원들의 통합교육에 대한 이해 정도가 통합교육의 효율적인 실행 과정에 영향을 미칠 수 있다. 이에 특수교사는 학교관리자와 함께 학교 행적직원이 특수교육대상 학생을 위한 교육 지원 행정 업무에 관한 정보를 수집하고 이를 효율적으로 실행하며 학부모와도 소통할 수 있는 역량을 갖출 수 있도록 지원하는 것이 필요하다.

지표 45 실행을 위한 역할 목록 및 지침

45-1. 행정직원은 지원금 지급 시 학생 선정을 위한 공평한 원칙을 세우고 적용한다.

- 특수교육대상 학생의 질 높은 통합교육 실행을 위해 지원금의 공정한 배분 기준을 특수교사와 상의하면서 신중하게 세우고 일관되게 적용
- 행정직원은 질 높은 통합교육을 실현하기 위해 행정 지원의 중요성을 상의하는 간담회에 참여
- 특수교육대상 학생을 위한 학교 편의시설 설치 및 관리에 관한 정보(예: 장애인 편의시설 매뉴얼, 편의 증진 공무원 전문 교육 등)를 수집하고 내용 숙지
- 특수교육대상 학생 관련 행정 업무 처리에 대해 교사와 학부모에게 안내와 설명이 필요한 부분 전달

45-2. 행정직원은 통합교육을 위해 필요한 인력 선발, 자원봉사자 수급에 적극적인 지원을 제공한다.

- 특수교육대상 학생 교육과 관련하여 일반적으로 발생될 수 있는 행정지원 필요 부분들에 관한 사전 조사 실시
- 통합교육 지원을 위한 인력 채용 및 계약에 필요한 행정적 지원 제공
- 통합교육을 위한 자원봉사자 모집 및 관리에 대한 지원 제공

45-3. 행정직원은 통합교육에 활용 가능한 지역사회 자원에 대한 정보 제공 및 연계 역할을 실행한다.

- 학교가 속한 지역사회의 기관 및 활용 가능한 자원에 대한 정보 수집 및 안내
- 학교와 지역사회 기관과의 연계를 위한 행정적 지원 제공

45-4. 행정직원은 학생의 학교 활동 시 안전 사고가 발생하지 않도록 각종 시설물에 대한 안전 조치를 정기적으로 시행한다.

- 장애인 편의시설 점검 및 관리
- 학교의 다양한 건축물과 시설에 대한 정기적 안전 점검 및 관리
- 특수교육대상 학생을 위한 교재와 교구의 수리 및 관리 지원
- 장애인 편의시설 점검의 경우, 전문성이 부족한 경우 미흡한 점검이 될 수 있으므로 이에 관한 학교 및 교육청 단위의 합리적인 관리 방안 적용
  (예: 외부 전문가 자문 후 처리)

45-5. 통합교육 실행에 필요한 예산 수립 및 관리를 위한 지원을 제공한다.

- 통합교육 및 특수교육 영역에 대한 예산을 수립하고 관리하기
- 통합교육 및 특수교육 예산의 적절한 집행
- 특수교육대상 학생을 위한 교육 자료 및 교재 교구 구입을 포함한 예산 관리 지원

지표 46 학교운영위원회의 통합교육 지원

학교운영위원회는 통합교육과 관련된 예산 심의 및 집행을 효율적으로 지원한다.

지표 46 선정 배경 및 중요성

초등학교에서 학교운영위원회는 교사, 학부모 및 지역사회 인사로 구성되어 학교의 예산과 결산 및 특별활동 선정과 같은 사항을 심의하고, 학교 급식 등에 대한 자문을 제공하는 역할을 한다. 학교운영위원회는 특수교육대상 학생에게 필요한 대안적 교재 및 교구, 교과서 구입, 방과 후 활동의 선정 및 강사 관리 등과 관련된 예산 집행을 심의하게 된다. 이에 특수교육 및 통합교육에 대한 이해를 통해 필요한 예산을 편성하여 효율적으로 집행할 수 있도록 학교운영위원회의 지원이 필요하다. 통합교육의 적합한 실행을 위해 학교운영위원회는 학교관리자, 통합학급 교사, 특수교사 및 학부모의 의견이 충분히 효과적으로 반영될 수 있는 기회를 제공하여야 한다.

지표 46 실행을 위한 역할 목록 및 지침

46-1. 학교운영위원회는 통합교육 실행을 위해 필요한 예산에 대한 정보를 숙지한다.

- 특수교육대상 학생을 위해 요구되는 편의시설, 대안적 교구 및 교과서에 대한 정보 숙지
- 통합교육 실행 과정에서 필요한 교육과정 편성 및 자료와 강사 지원 등에 대한 정보 숙지

46-2. 학교운영위원회는 통합교육 실행에 필요한 예산을 투명하고 효율적으로 심의한다.

- 특수교육대상 학생을 위한 편의시설 필요 시 우선적 설치를 위한 예산 심의

- 특수교육대상 학생에게 필요한 교육적 서비스 제공을 위해 필요한 교재 및 교구 구입을 위한 예산 심의 시 필요한 행정적 지원 제공
- 통합교육을 위해 필요한 교육과정 편성에 대한 심의
- 통합교육을 위해 필요한 자료 및 강사 지원과 관련된 예산 심의
- 특수교육대상 학생을 위한 방과 후 학교 편성 및 예산 심의

46-3. 학교운영위원회는 적합한 통합교육 실행을 위해 학교관리자, 교사 및 학부모가 어려움 없이 의견을 충분히 개진할 수 있도록 민주적으로 운영한다.

- 특수교육 및 통합교육 관련 심의 시 의견을 편하게 개진할 수 있는 환경과 분위기 조성
- 의견 내용에서 잠재적 갈등 요소가 있을 때 특수교육대상 학생의 교육적 요구를 잘 아는 특수교사와 통합학급 교사의 의견을 경청하고 최대한 반영

2. 영역 V: 지원인력 지표가 반영된 통합교육 실제 사례

지원인력 영역 지표 실행 사례1: 서로 경청하는 특수교사와 특수교육보조원

* 관련 지표: '지표 42-학생에 대한 보조인력 지원 제공'
* 관련 지표: '지표 43-교사에게 보조인력의 업무 보고 및 피드백 공유'

김미연(가명) 특수교육 보조원은 A초등학교에서 4년차 재직 중이다. A초등학교에는 총 6명의 특수교육대상 학생이 재학 중이고, 올초 특수교사가 새로 부임하였다. 3월 통합학급 적응 기간 동안 특수교사는 김 보조원에게 특수교육대상 학생 및 작년 특수학급 운영에 대한 문의를 하였고, 김 보조원은 자신이 4년간 보아왔던 것을 최대한 객관적으로 전달하려고 노력하였다.

IEP 회의 후, 6명 학생의 특수학급 수업 시간이 정해졌으며, 김 보조원은 2학년 지수와 6학년 현우에게 매일 1시간씩 통합학급 수업 지원을 제공하게 되었다. 지수는 중도장애 학생이라, 작년과 같이 교실 이동과 화장실 이용, 점심식사 지원을 추가로 제공하였다. 김 보조원은 매일 통합학급 수업 후 지수와 현우에게 있었던 일을 특수교사에게 전달하였고, 매주 금요일마다 특수교사와 회의를 가졌다. 회의에서 특수교사는 김 보조원에게 다음 주 학교 행사 및 김 실무원이 해야 하는 구체적인 일들을 시간표 형식으로 제공하였다. 회의에서 김 보조원은 자신이 해야 할 일을 미리 알 수 있었으며, 일주일 동안 특수교육대상 학생과 학급 학생들의 변화를 보다 상세하게 특수교사에게 전달할 수 있었다. 김 보조원의 통합학급 수업 및 생활 지원은 통합학급 교사와 특수교사의 협의로 결정되었으나, 그 과정에서 김 보조원이 관찰한 내용이 반영되었으며 자신의 의견이 반영되고 있음을 특수교사와의 정규 회의나 통합학급 교사와의 대화를 통해 김 보조원은 충분히 인지하고 있었다.

통합학급에서 김 보조원의 구체적인 지원은 통합학급 교사의 안내에 기초하였다. 학년 초 통합학급 교사는 지수가 자주 보이는 문제행동에 따른 대처 방법을 김 보조원에게 안내하였다. 이에 따라 지수가 보조원의 무릎에 앉으면 김 보조원은 자리를 이동하여 서 있었으며, 지수가 복도로 뛰쳐나가면 잡기 놀이가 되지 않도록 안전이 확보된 장소에 한하여 지수의 주위에서 지수가 다가올 때까지 기다렸다. 작년에 김 보조원은 지수의 어깨를 잡거나 지수를 안고 교실 이동을 하였으나 올해에는 통합학급 교사의 안내로 지수의 손을 잡고 이동하였다. 4월부터 지수의 학급 친구들도 함께 이동하였기에 김 보조원은 지수의 뒤에서 문제가 생기지 않는지 확인하는 역할로 변하게 되었다. 쉬는 시간에는 지수에게 밀착해서 앉아 있는 것이 아니라 지수와 조금 떨어져 친구들과 잘 노는지 주시하였고, 지수에게 긍정적으로 반응하는 또래들에게 미소나 언어적인 칭찬을 제공하였다. 수업 지원 후 통합학급 교사에게 쉬는 시간이나 수업 시간에 어떤 학생들과 어떠한 관계를 형성하였는지, 수업 시간에 지수가 구체적으로 수업에 얼마만큼 따라왔는지를 알렸다.

지수의 문제행동이 줄어들고 모둠 친구들이 지수에게 충분한 지원을 해주기 시작하자, 통합학급 교사는 김 보조원에게 다른 역할을 기대하였다. 통합학급 교사는 지수와 같은 모둠에 학습부진 학생을 배치하였고, 김 보조원은 학습부진 학생의 학습을 지원하면서 모둠 전체 학생들의 수업 참여를 독려하였다. 때로는 통합학급 교사의 지도에 따라 학급 전체 학생을 지원하는 역할을 하기도 하였다. 통합학급 학생들은 김 보조원을 지수만을 위한 '어른'이 아닌 교실의 구성원으로서 인정하였다. 김 보조원은 수업 시간에 모든 학생을 위해 의미 있는 보조 교사의 역할을 하고 있었으며, 학급의 모든 학생이 자신을 따르고 인정해준다고 생각하게 되었다. 또한 자신이 특수교사와 통합학급 교사와 함께 특수교육대상 학생의 발달과 성장을 위해 함께 노력하고 있음을 느낄 수 있었다.

지원인력 영역 지표 실행 사례2: 학부모와 교사가 더 가까이

*** 관련 지표: '지표 43-교사에게 보조인력의 업무 보고 및 피드백 공유'**

정민주(가명) 특수교육 보조원은 B초등학교에서는 2년차이지만 특수교육 보조원 총 경력은 7년이다. 이 학교에서는 총 5명의 특수교육대상 학생을 지원하고 있다. 특수교사는 신임교사이고 통합학급 교사는 5년차 교사이다. 3학년에는 지적장애와 자폐성장애를 가진 남학생 민우(가명)가 재학 중이다. 민우의 어머니는 매일 하교 시 민우를 데리러 오시는데 그때마다 정 보조원에게 많은 것을 질문하고 여러 이야기를 하고 싶어하였다. 정 보조원은 새로운 환경이 시작되는

3월 학기 초라 민우를 염려하는 마음으로 학부모에게 최대한 친절하게 대하였다.

그런데 민우의 어머니는 학기 초가 지나서도 계속해서 통합학급 교실에서 일어나는 일에 대해 상세히 질문을 하면서 민우의 문제행동에 대해 원인을 찾고자 하였다. 동시에 통합학급 교사와 특수교사 사이에 원만한 의사소통이 되는지, 교사 간 협력은 잘 되고 있는지, 민우의 통합학급 수업 참여에 대한 특수교사의 지원은 어떠한지 등 교사 간 관계와 교사의 교수 활동에 대한 전문적인 질문을 시작하였다. 정 보조원은 어머니의 그러한 질문에 응답하지 않았고 특수교사에게 일단 이 상황을 곧바로 알렸다. 특수교사에게 알린 후에도 어머니와 정 보조원의 정서적 친밀도는 계속 유지되었지만 정 보조원은 민우 어머니에게 교사의 교수 활동이나 민우의 문제행동에 대한 전문적인 질문들은 특수교사와 통합학급 교사에게 질문해야 한다는 것을 안내하였다. 그 이후 어머니가 교사가 아닌 보조원에게 면담을 하는 것은 자제되었다. 이 기회로 정 보조원은 자신의 지원 업무에 대한 범위와 경계, 나아가 학부모와의 상호작용에서 유념할 점을 확인하게 되었다.

3. 영역 V: 지원인력 지표 실행을 위한 참고자료

인터넷 자료

서울대학교 어린이병원(http://child.snuh.org)

서울장애인가족지원센터(http://seoul.dfsc.or.kr)

응급처치 교육 통합관리시스템(https://cpr.busan.go.kr)

인천시 특수교육지원센터(http://www.ice.go.kr/main.do?s=iss)

지역별 건강가정지원센터

지역별 Wee센터

교육청 발행 자료

경기도교육청(2018). 특수교육 지도사 운영 계획.

서울시교육청(2018). 특수교육대상자 치료지원 운영 계획.

서울시교육청(2014). 특수교육실무원 운영계획.

인천시교육청(2017). 정서행동장애 학생을 위한 협력체제 지원 가이드북.

지역별교육청(2019). 특수교육운영 계획.

단행본 자료

박승희, 장혜성, 나수현, 신소니아(2007). 장애관련종사자의 특수교육 입문: 특수교육보조원을 위한 지침서. 서울: 학지사.

이대식, 김수연, 이은주, 허승준(2018). 통합교육의 이해와 실제: 통합학급에서의 효과적인 교육방법(3판). 서울: 학지사.

이효정 역(2018). 통합교육: 일반교사와 특수교사를 위한 안내서. 서울: 학지사(원 저자 Causton, J., Tracy-Bronson, C. P. 2015. 출판)

전선주, 이진, 박주리, 박소영(2012). 아하! 통합학급: 모든 이를 위한 통합교육의 실제. 서울: 학지사.

Doyle, M. B.(2008). *The paraprofessional's guide to the inclusive classroom: Working as a team*(3rd ed.). Baltimore: Brookes.

논문 자료

김주혜, 이정은(2015). 특수교육보조원제도 운영에서의 특수교사의 역할과 책임에 대한 중요도 인식과 실천수준 분석. 학습장애연구, 12(3), 133-155.

민수진, 김지수, 남혜진, 이숙향(2014). 특수교육보조인력으로서 공익근무요원의 특수교육지원 경험 및 지원 요구 고찰. 특수아동교육연구, 16(1), 189-209.

전인진, 박승희(2001). 보조교사의 역할 규명과 순기능 및 역기능에 관한 고찰. 특수교육학연구, 36(3), 233-265.

정성하, 박승희(2010). 장애자녀의 일반 초등학교 입학 초기에 어머니가 느끼는 스트레스 요인. 유아특수교육연구, 10(4), 19-43.

9장

초등 통합교육 실행 매뉴얼을 넘어

현재 우리나라에서 일반학교 일반학급에 통합된 특수교육대상 학생의 학업 수준이나 특성을 충분히 이해하고 있는 통합학급 교사는 얼마나 될까? 통합수업을 하는 해당 교과에서 그 학생의 학습 목표를 미리 선정해 그것의 성취를 위해 수업 내용에 대해 교수적 수정을 하여 최대한 성취를 이끌어내려고 노력하는 통합학급 교사와 특수교사 그리고 학교관리자는 얼마나 될까? 이러한 교사와 학교관리자들의 수는 통합되는 학생이 초등학생이든 중등학생이든 큰 차이는 없이 아주 많지는 않을 듯하며 최근 통합교육 실태 연구 결과들에서도 이런 상황은 증명된다. 이제는 통합교육이 분리교육을 하는 특수학교의 한 대안으로 특수교육대상 학생들을 동네 일반학교에서 비장애 형제·자매나 또래들과 함께 교육하게 된 변화에 수긍하며 그것을 다행으로 여기던 지난 30년의 세월에 대한 만족함은 뒤로 하고 앞으로 전진해나아가야 할 시점이다.

이 책에서는 특별히 지난 30년의 세월 동안 이루어진 국내외 통합교육 관련 연구 결과들을 바탕으로 우리나라 학교 현장의 독특한 문화와 맥락을 고려하여 '우리나라'의 학교관리자, 일반교사와 특수교사 및 학부모와 지원인력의 관계를 염두에 두면서 '통합교육 실제'에 직접적으로 적용 가능한 '통합교육의 실행 방법'을 도출하였다. 그리고 그 내용을 가장 간결하고 쉽게 전달하고자 문장과 개조식을 혼합한 진술 방식을 사용하여 가장 짧은 분량으로 제시하려는 목적을 가지고 이 책의 형태와 내용을 구성하였다. 저자들은 부담감과 책임감을 느끼면서 '통합교육 이렇게 할 수 있다'라는 'Do it' 항목을 하나씩 도출하느라 수년간 고되게 숙고하여 역할 목록과 역할 수행 지침의 목록을 개발하여 제시하였다.

즉 이 책의 제목과 부제에서 나타나듯이, '통합교육 실행자'를 중심으로 한 학교 통합교육의 5가지 실행 주체인, 학교관리자, 특수교사, 통합학급 교사, 학부모 및 지원인력에 대해서 '초등 통합교육 질 지표 46개'에 의거하여 이들 각자가 '할 일'을 '역할 목록과 지침'이라는 헤딩으로 요목화하여 제시하였다. '학교관리자, 통합교육 이렇게 할 수 있습니다', '통합학급 교사, 통합교육 이렇게 할 수 있습니다'라고 짧게 핵심만 제공하는 것은, 즉 통합교육 실행자들 각각을 주어로 두고 그들이 할 일을 저술한다는 것은 저자들에게 정말로 어려운 일이었다고 고백한다. 덧붙여 이 실행자 각자에 해당되는 통합교육 질 지표 일부가 반영된 '실행 사례'를 제시하였으며, 각각 통합교육 질 지표를 실행하는 데 참조할 수 있는 '참고자료'의 간단한 목록을 제공하였다.

이 장에서는 1장에서 8장까지의 내용을 요약하며, 이 책의 내용이 '통합교육 실행 매뉴얼'로 작동할 긍정적 의의와 함께 '매뉴얼'이라는 용어가 함축할 수 있는 '한계'를 뛰어넘는 개별 학교의 교사와 학생, 학교관리자와 학부모 및 지원인력이 만드는 독특한 문화와 맥락을 고려한 지속 가능한 통합교육의 진전 전략을 간략히 지적한다.

1. 초등 통합교육 실행 매뉴얼의 핵심 주제 요약

첫째, 현재 초등 통합학교의 통합교육 실제의 점검 필요성

특수교육대상 학생이 통합되어 있는 일반학교인 초등 통합학교에서는 현재 진행되는 통합교육의 실제를 어떠한 기준에 의해서 점검해봐야 한다는 그 필요성에 대해서 지적하였다. 통합된 특수교육대상 학생의 '교육의 질'에 대한 책무성이 현재보다는 반드시 더 증진되어야 한다. 통합교육은 일반학교의 일반학급이나 특수학급에 특수교육대상 학생을 배치하여 교육할 시간을 아깝게 허비할 수 있는 교육이 되어서는 안 된다는 신념이 이 책 집필의 대전제이다.

특수교육대상 학생이 일반학교에 통합됨으로써 얻는 '물리적 통합'과 '사회적 통합' 효과에 대한 허니문 시간은 지난 30년으로 족하다. 이제는 한 명의 특수교육대상 학생이 분리교육을 하는 '특수학교'를 선택하지 않고 '일반학교 통합교육'을 선택한 것이 '교육의 질'에서 적어도 부족함이 없거나 우위에 놓여야 한다는 관점을 옹호하고 그 관점을 실현해나가야 한다. 지난 30년의 세월 동안 일반학급에 통합교육이라는 미명으로 손님학생으로 와 있으면서 교육의 '시각 지대'에 놓일 위험에도 처했던 그 상황들을 충분히 반성하고 이제는 통합학급과 특수학급을 통해 제공받는 교육에 대해 세심한 관심을 가지고 시급히 개선을 해야 할 시점이다. 즉 '통합교육의 질'을 담보할 수 있어야만 하는 시기에 충분히 도달하였다.

지난 30년의 초등 통합교육의 실제를 이제는 한 번쯤 개별학교의 자체 진단평가나 외부 전문가에 의해서도 점검해서 강점을 유지하며 취약점을 개선해나가는 발전 계획을 수립하여 향상시켜나가는 노력이 절실히 필요하다. 이러한 통합교육의 실제 점검은 일회성이 아니라 정기적으로 이루어져서 지속 가능한 진전으로 이어져야 한다. 이 책에서는 통합교육의 실제를 점검하는 한 가지 도구로 초등 통합교육 질 지표(박승희 외, 2012)를 사용하여 통합교육 질을 점검하고 개선해나가는 한 방안을 제시하였다.

둘째, 초등 통합학교 실행자 질 지표에 근거한 역할 수행 점검의 중요성

초등 통합교육 질 지표 55개로부터 통합교육 실행자 중심으로 질 지표를 재구성하여 46개 질 지표를 추출하였다. 초등 통합교육 실행의 5가지 주체인, 학교관리자, 특수교사, 통합학급 교사, 학부모 및 지원인력이 각자에 해당되는 통합교육 질 지표에 의거하여 각자의 통합교육 실행을 자체 점검하는 것이 중요하다. 실행자들의 통합교육 수행 점검은 통합교육 질 지표 각각에 대해 이들의 실행 양상과 정도를 고려하여 7점 라이커트 척도(1점-전혀 그렇치 않다; 4점-보통이다; 7점-매우 그렇다)로 측정된다. 이 책의 부록에는 실제로 학교 현장에서 사용할 수 있는 '통합교육 실행자 역할 수행 점검양식'이 제공되어 있다. 점검 결과는 정량적으로 점수화되며 동시에 정성적 점검 평가도 가능하며, 그 점검의 종합적 결과에 따라 어떻게 통합교육 실행을 발전시켜나갈 수 있는지 실행자별 및 학교 전체별로 방안들을 모색하여 개선해나갈 대책 수립이 가능하다.

셋째, 초등 통합학교 실행의 5가지 주체의 역할 목록과 역할 수행 지침 제공

초등 통합교육 질 지표 55개로부터 재구성된 46개 통합교육 실행자 중심의 통합교육 질 지표를 기반으로 통합교육 실행자가 '무엇'을 해야 하는지에 대한 목록을 일목요연하고 간략하게 제시하였다. 통합교육 질 지표 46개 각각을 반영하여 통합교육을 실행하려면 통합교육 실행자들이 해야 할 역할을 제시하면서 그 역할을 수행할 때 더 구체적으로 해야 할 상세 업무나 활동을 목록화하여 제공하였다. 통합교육의 5가지 주체에 대해 각 주체가 자신에게 해당되는 질 지표에 의거하여 수행해야 할 일을 '실행을 위한 역할 목록 및 지침'이라는 헤딩으로 구성하여, 4장은 학교관리자(10개 지표), 5장은 특수교사(14개 지표), 6장은 통합학급 교사(12개 지표), 7장은 학부모(5개 지표), 8장은 지원인력(5개 지표)에 대해 제시하였다.

국내외 통합교육 실행 관련 논문이나 단행본에서 산발적으로 제시된 통합교육 실시방법 각각을 우리나라 통합학교의 학교구성원의 공통적 특성을 고려하고 보편적인 통합교육 상황과 맥락에 맞게 해석하여 직접적으로 적용 가능하게 5가지 통합교육 실행자 각각의 역할 목록과 상세 활동 지침을 '한 세트'로 종합적으로 제시한 데에 이 책의 의의가 있다(〈부록 3〉 참조). 특별히 이 책의 집필 방향은 통합교육 실행에 대한 연구 논문이나 단행본까지 읽기는 어렵거나 너무 바쁘다고 생각하는 분들과 그 외 다양한 배경의 독자들에게 가장 쉽게 접근 가능하도록 했으며, 누구에게나 편하게 읽혀질 수 있는 '가독성' 높은 매뉴얼을 제공하려는 분명한 목적을 가지고, 통합교육 실행자의 실행 방법을 짧게 핵심 내용만 정리해 제시하였다는 의의가 있다.

2. 초등 통합교육 실행 매뉴얼의 한계를 넘는 지속 가능한 도전

이 책은 초등 통합교육 질 지표에 의거한 개별 학교의 통합교육 실행에 대한 자체 점검의 필요성과 중요성을 지적하였지만 더 중요한 것은 '실행자' 중심으로 각 실행자의 역할 목록과 역할 수행 지침을 쉽게 간결하게 알려주는 '초등 통합교육 실행 매뉴얼'을 제공한 점이다. 바로 이 점 때문에 이 책의 제목이 '통합교육, 나는 무엇을 해야 합니까?'로 결정되게 된 것이다.

그런데 이미 '매뉴얼'이라는 용어가 함축하는 의미는 이 책에 열거된 통합교육 실행 방법론도 개별 학교의 다양한 독특한 상황들과 통합되는 특수교육대상 학생의 다양한 교육적 요구와 장애 특성, 일반학생들의 다양한 배경 및 특성, 교사와 학교관리자, 학부모 및 지원인력의 특성 모두를 다 고려한 '정답'이나 '처방전'은 아닐 수 있음에 주목해야 한다. 또한 이 책에서 제시되는 통합교육 실행자의 역할 목록과 지침은 질 높은 통합교육을 실행하는 데 '최소한의 실행 기준'일 수 있다는 점을 기억할 필요가 있다.

덧붙여 이 책에 제시된 실행자 중심의 통합교육 실행 방법을 목록화하는 데 기초가 된 '초등 통합교육 질 지표'라는 것 자체가 우리나라 학교교육과 통합교육이 발전하면서 '질 지표'의 내용이 상향 조정되어야 함에 따라 그 질 지표를 실행하는 '실행 기준'에 해당되는 실행자의 역할 목록도 당연히 '더 높은 수준'으로 지속적으로 변화될 수 있음을 충분히 인지해야 한다.

통합교육 실행 매뉴얼이 제시하는 통합교육 방법론은 다양한 통합학교 상황들에 오로지 '최대공약수'에 해당되는 일종의 공통적 방법들일 수 있음을 기억할 필요가 있다. 이 책이 통합교육 실행의 초보적 단계에 있는 학교들에서는 '시작'과 다음 단계 '전진'을 돕는 유용한 한 가지 안내서가 될 수는 있지만 그 통합교육이 진전됨에 따라 매뉴얼 내용의 한계성을 넘어서야 한다는 점이 강조되어야 한다. 우리나라 학교교육이 발전되고 통합교육이 진전됨에 따라 생길 수 있는 높은 기대 수준의 지향과 문제들에 한 방의 특효약은 될 수 없음을 인정하면서 개별 학교 통합교육의 고유한 상황이나 갈등 맥락에 적합한 방안들을 늘 개별 학교 차원에서 탐색하여 적용해야 한다.

우리나라 학교 현장에서 개별 학교의 소재 지역과 위치와 물리적 환경과 사회·경제 및 문화적 환경, 학교구성원들인 학교관리자, 일반교사, 특수교사, 일반학생, 특수교육대상 학생, 학부모 및 지원인력의 고유한 배경과 특성에 적합하고 각 학교의 통합교육 실행의 진전 단계에 따라 통합교육 실제에 대한 일회성이 아닌 정기적인 점검은 필요하다. 이에 따라 학교별로 점검 결과를 반영하는 통합교육 발전 계획 하에 강점을 격려하고 취약점을 보완 개선해나가는 창의적 방안들을 고안해내어, 종단적으로 꾸준히 계속적으로 '질 높은 통합교육'을 구현해나갈 수 있어야 한다.

국·공립학교의 경우, 학교관리자들과 교사들의 정기적 인사 이동으로 이러한 지속적 노력이 중단되어서는 안 되며, 통합교육 실행에 있어서는 이들의 전직과 무관하게 교육지원청의 관리·감독 및 지원이 요구된다. 이러한 조치는 초등 통합교육 실행 매뉴얼의 제한성을 넘어 '지속 가능한' 통합교육의 발전을 성취해나가는 데 유효한 지원책이 된다.

통합교육의 정기적인 질 점검과 관리의 한계를 넘어, 통합교육 실행 매뉴얼이 제시하는 실행자의 역할 목록과 역할 지침의 제한성을 넘어, '통합교육 실시 지정학교'로 선정된 시기만 내보이기 식의 일회성 진보의 한계를 넘어, 어떻게 지속적으로 질 높은 통합교육을 실행할 수 있을까? 일반학생과 특수교육대상 학생을 포함한 '모든' 학생에게 최고로 적합한 교육의 질을 제공하기 위해서, 나아가 학교교육의 교육력 제고를 위해서, 질 높은 통합교육 실행이 한 학교의 지향 가치와 문화로 자연스럽게 정착되도록 하는 것이 현재 우리의 도전이고 과제이다.

부록

<부록 1> 개별 초등학교의 통합교육 실행자 역할 수행 점검표
<부록 2> 통합교육 실행자 5가지 주체의 역할 수행 점검의 종합 결과표
<부록 3> 통합교육 실행자 5가지 주체의 전체 역할 목록표

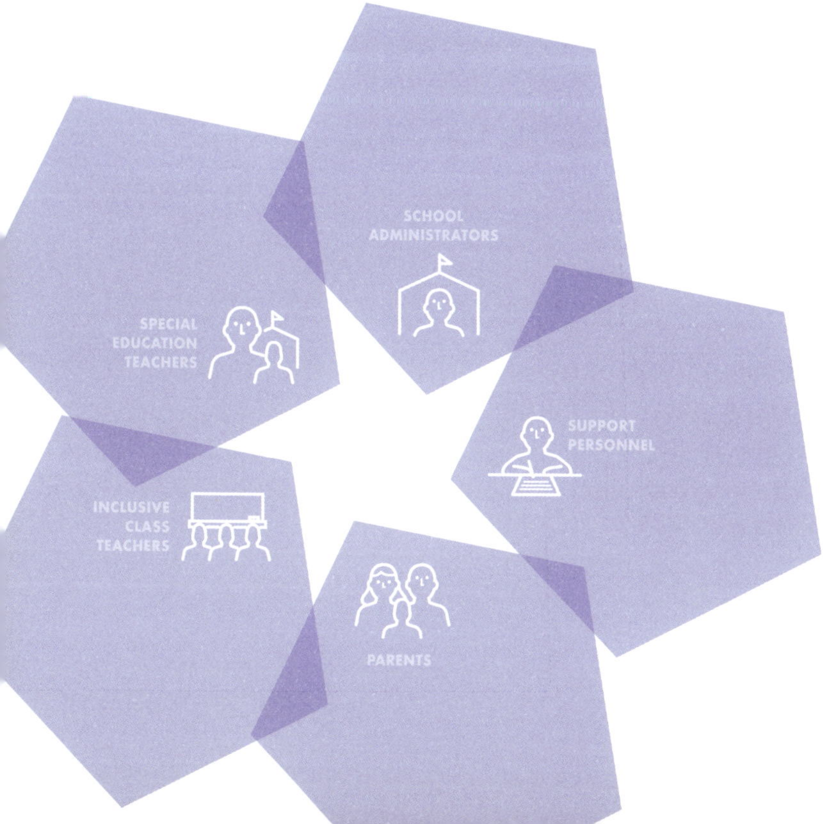

부록 1

개별 초등학교의 통합교육 실행자 역할 수행 점검표

학교명: ____________________

점검일: ________ 년 _____ 월 _____ 일　　　　　점검자: ______________

■ 아래 각 지표에 대해서 현재 재직하는 초등학교나 점검 대상 초등학교의 통합교육 상황과 유사하다고 생각되는 정도에 대해 7단계 중 하나에 √ 표시해주십시오.
(1점: 전혀 그렇지 않다, 2점: 그렇지 않다, 3점: 별로 그렇지 않다, 4점: 보통이다, 5점: 약간 그렇다, 6점: 그렇다, 7점: 매우 그렇다)

[1] 학교관리자 영역 (10개 지표: 1-10)

지표	지표 내용	전혀 그렇지 않다	그렇지 않다	별로 그렇지 않다	보통이다	약간 그렇다	그렇다	매우 그렇다	비고
		1	2	3	4	5	6	7	
1	◆ 학교관리자의 행정적 지원 학교관리자는 교사들이 통합교육 프로그램을 계획하고 실행하는데 필요한 행정적 지원(예: 학생 수, 교사들의 업무량 조정 및 인적 지원 등)을 제공한다.								

지표	지표 내용	전혀 그렇지 않다	그렇지 않다	별로 그렇지 않다	보통 이다	약간 그렇다	그렇다	매우 그렇다	비고
		1	2	3	4	5	6	7	
2	**◆ 학교관리자의 재정적 지원** 학교관리자는 학교 운영 예산 편성 시, 특수학급 운영 예산 및 통합교육 실행을 지원하기 위한 예산(예: 간담회, 장애이해교육 활동, 특수교육 활동 지원 인건비 예산 편성 등)을 편성하여 운영, 집행한다.								
3	**◆ 협력적 공동체 형성을 위한 지원** 학교관리자는 교사, 학부모, 학생 및 지역사회 인사 등을 대상으로 장애 수용 및 다양성 존중, 학교공동체 및 구성원 간 협력의 중요성에 대한 이해교육을 실시한다.								
4	**◆ 통합교육을 지지하는 학교 운영** 학교관리자는 학교교육과정을 수립, 작성, 운영 및 평가할 때 통합교육을 지지하는 정책과 제도 및 관련 내용(예: 통합교육 기본 철학, 통합학급 교사와 특수교사의 책임 공유, 개별 학생의 요구에 적합한 교육과정 계획 등)을 포함한다.								
5	**◆ 교사에 대한 정서적 지원** 학교관리자는 통합교육을 담당하는 통합학급 교사와 특수교사가 성공적인 통합교육을 실행하도록 정서적으로 격려한다.								

지표	지표 내용	전혀 그렇지 않다	그렇지 않다	별로 그렇지 않다	보통 이다	약간 그렇다	그렇다	매우 그렇다	비고
		1	2	3	4	5	6	7	
6	◆ **교사의 전문성 계발 지원** 학교관리자는 통합학급 교사 및 특수교사의 전문성을 인정하고 연수나 워크숍과 같은 교사들의 전문성 계발 기회를 제공한다.								
7	◆ **학교관리자의 갈등중재** 학교관리자는 통합교육 계획, 실행 및 평가 과정 중 일어나는 갈등적 요소를 확인하고 그 해결을 돕는다.								
8	◆ **개별적 지원 요구 학생에 대한 관리와 지원** 학교관리자는 개별적 지원이 요구되는 학생들의 정보를 가지고 그 학생들의 학교생활 전반을 정기적으로 살펴서 필요한 지원을 제공한다.								
9	◆ **추가 인력 지원** 학교관리자는 통합교육의 적합한 실행을 위해 추가의 지원인력(예: 자원봉사자, 교육실습생, 활동보조원 등)의 학교 참여와 지원을 수용하고 활용한다.								
10	◆ **학교 폭력을 포함한 갈등 상황 관리 및 처치** 학교관리자 이하 모든 교직원은 학생들 사이에 다양한 갈등 상황(예: 집단 따돌림, 놀림 등)을 신속히 파악하고 적절한 조치를 취한다.								

@ I. 학교관리자 영역 지표 10개에 근거한 '학교관리자 역할 수행' 점검 결과

영역 총점: ________ /70 만점 (1개 지표는 7점 만점)

지표별 평균 점수: ________ (영역 총점 ÷ 10)

학교관리자 영역 퍼센타일 점수: ________ % (영역 총점 ÷ 70점 × 100)

[2] 특수교사 영역 (14개 지표: 11-24)

지표	지표 내용	전혀 그렇지 않다	그렇지 않다	별로 그렇지 않다	보통이다	약간 그렇다	그렇다	매우 그렇다	비고
		1	2	3	4	5	6	7	
11	◆ **개별화된 진단평가** 특수교사는 개별 특수교육대상 학생에게 적합한 교육진단(예: 다양한 정보수집, 적합한 검사 실시 및 해석)을 실시한다.								
12	◆ **개별화교육계획(IEP) 수립** 특수교사는 특수교육대상 학생 개개인에게 적합한 개별화교육계획을 수립한다.								
13	◆ **개별화교육 실행** 특수교사는 특수교육대상 학생 개개인의 교육적 요구에 맞는 교육을 실시한다.								
14	◆ **학생의 진보에 대한 평가** 특수교사는 학생의 목표 도달 정도를 파악할 수 있는 적합한 평가를 실시한다.								

지표	지표 내용	전혀 그렇지 않다	그렇지 않다	별로 그렇지 않다	보통 이다	약간 그렇다	그렇다	매우 그렇다	비고
		1	2	3	4	5	6	7	
15	**◆ 개별적 지원 요구 학생에 대한 지원 노력** 특수교사는 특수학급에 입급되지 않았지만 개별적 지원이 요구되는 학생을 지원한다.								
16	**◆ 특수교사의 긍정적 행동지원** 특수교사는 통합학급 내 필요한 긍정적 행동지원 전략에 대해 통합학급 교사와 상의하고 행동지원 정보를 제공한다.								
17	**◆ 특수교사의 전문성 신장** 특수교사는 통합교육 전문성 신장을 위해 자기 계발에 노력한다.								
18	**◆ 다양성 수용의 학교문화를 위한 프로그램 실시** 특수교사는 학교 전체의 다양성을 수용하는 분위기를 만들기 위해 구체적인 프로그램을 구성하여 제공한다.								
19	**◆ 의미 있는 수업 참여를 위한 교수적 수정 지원** 특수교사는 통합학급에서 진행되는 수업의 목표와 내용에 있어 특수교육대상 학생이 일반학생과 최대한 동일하거나 비슷한 수업 활동에 참여하도록 지원한다.								

지표	지표 내용	전혀 그렇지 않다	그렇지 않다	별로 그렇지 않다	보통이다	약간 그렇다	그렇다	매우 그렇다	비고
		1	2	3	4	5	6	7	
20	◆ **교사 간 관계 형성 노력** 특수교사는 학교 내 다양한 교사 모임에 적극 참여하여 교사 간 친밀한 유대 관계를 형성하고 유지한다.								
21	◆ **통합교육 실행에서 갈등중재** 특수교사는 통합교육 실행 및 평가 중 갈등적 요소를 확인하고 그 해결을 돕는다.								
22	◆ **교사와 학부모 간 정기적 협의** 특수교사, 통합학급 교사 및 부모는 정기적인 협의시간을 통해 정보를 공유한다.								
23	◆ **생활 지도를 위한 관련인 간 협력** 학교공동체 모두가 특수교육대상 학생의 생활지도를 위해 협력한다.								
24	◆ **특수교육대상 학생에 대한 긍정적 태도 형성** 특수학급 교사는 장애인식개선 활동을 통해 모든 학생들이 특수교육대상 학생에 대한 긍정적인 태도를 갖도록 한다.								

@ II. 특수교사 영역 지표 14개에 근거한 '특수교사 역할 수행' 점검 결과

영역 총점: ________ /98 만점(1개 지표는 7점 만점)

지표별 평균 점수: ________ (영역 총점 ÷ 14)

특수교사 영역 퍼센타일 점수: ________ % (영역 총점 ÷ 98점 × 100)

[3] 통합학급 교사 영역 (12개 지표: 25-36)

지표	지표 내용	전혀 그렇지 않다	그렇지 않다	별로 그렇지 않다	보통이다	약간 그렇다	그렇다	매우 그렇다	비고
		1	2	3	4	5	6	7	
25	**◆ 모든 학생의 학급활동 참여 촉진** 통합학급 교사는 특수교육대상 학생뿐 아니라 모든 학생이 학급활동에 참여하는 것을 보장한다.								
26	**◆ 모든 학생에게 적합한 교육계획 수립** 통합학급 교사는 학급 내 모든 학생에게 적합한 교육계획 및 수업계획을 수립한다.								
27	**◆ 학급규칙 수립 및 운영** 통합학급 교사는 학급을 운영하는 학급규칙을 수립하고 운영한다.								
28	**◆ 모든 학생에게 적합한 평가** 통합학급 교사는 학급 내 모든 학생에게 적절한 평가 계획을 수립하고 다양한 평가방법을 사용한다.								
29	**◆ 개별적 지원 요구 학생에 대한 지원** 통합학급 교사는 특수교육대상 학생 외에도 학급 내에서 개별적 지원이 요구되는 학생들에게 학업적, 사회적 및 정서적 지원을 제공한다.								
30	**◆ 개별화교육계획 수립 및 실행에 참여** 통합학급 교사는 특수교육대상 학생의 개별화교육계획(IEP) 개발과정에 참여하고, 이를 반영한 교수학습활동을 진행한다.								

지표	지표 내용	전혀 그렇지 않다	그렇지 않다	별로 그렇지 않다	보통이다	약간 그렇다	그렇다	매우 그렇다	비고
		1	2	3	4	5	6	7	
31	**◆ 통합학급 교사의 긍정적 행동지원** 통합학급 교사는 특수교육대상 학생의 문제행동에 대해 긍정적 행동지원을 적용한다.								
32	**◆ 교수적 수정의 협력 및 적용** 통합학급 교사는 특수교육대상 학생에게 필요한 다양한 교수적 수정 방법을 적용한다.								
33	**◆ 통합학급 교사의 전문성 신장** 통합학급 교사는 자기계발을 통해 일반교육 및 특수교육 전문성을 신장한다.								
34	**◆ 학생 간 상호 지원 관계 형성 지원** 통합학급 교사는 특수교육대상 학생에 대한 긍정적인 태도와 학생간의 상호 지원 관계 형성을 위해 돕는다.								
35	**◆ 다양한 자원 활용을 위한 연계** 통합학급 교사는 학교 내외의 다양한 자원을 활용하기 위해 통합교육 관련 교내외 인사와 협력하고 연계한다.								
36	**◆ 교사들의 협력과 공동 책임** 통합학급 교사, 특수학급 교사 및 교과 담당 교사는 협력을 통해 특수교육대상학생 학업에 대해 공동의 책임을 갖는다.								

@ III. 통합학급 교사 영역 지표 12개에 근거한 '통합학급 교사 역할 수행' 점검 결과

영역 총점: ________ /84 만점(1개 지표는 7점 만점)

지표별 평균 점수: ________ (영역 총점 ÷ 12)

통합학급 영역 퍼센타일 점수: ________ % (영역 총점 ÷ 84점 × 100)

[4] 학부모 (5개 지표: 37-41)

지표	지표 내용	전혀 그렇지 않다	그렇지 않다	별로 그렇지 않다	보통이다	약간 그렇다	그렇다	매우 그렇다	비고
		1	2	3	4	5	6	7	
37	◆ **특수교육대상 학생 학부모의 자녀에 대한 정보 제공** 특수교육대상 학생 학부모는 통합학급 교사와 특수교사에게 면담, 문서, 전화 등의 방법으로 특수교육대상 학생 자녀에 대한 정보를 제공한다.								
38	◆ **특수교육대상 학생 학부모의 개별화교육계획 참여** 특수교육대상 학생 학부모는 자녀의 IEP 작성 시 의견 반영 및 동의 제공을 위한 기회를 갖고 적극적으로 참여한다.								
39	◆ **특수교육대상 학생 학부모의 자녀의 학교생활 적응 지원** 특수교육대상 학생의 학부모는 자녀의 학교생활 적응을 지원한다.								

지표	지표 내용	전혀 그렇지 않다	그렇지 않다	별로 그렇지 않다	보통 이다	약간 그렇다	그렇다	매우 그렇다	비고
		1	2	3	4	5	6	7	
40	◆ **학부모간 협력 및 학교 행사 참여** 특수교육대상 학생의 학부모는 학교 공동체 내 한 구성원으로서 교사 및 다른 학부모와 협력하여 학교 및 학급 행사에 참여하고 지원한다.								
41	◆ **일반학생 학부모의 학생 간 사회적 관계 형성 지원** 일반학생의 학부모는 자녀가 특수교육대상 학생과 사회적 관계를 형성하도록 돕는다.								

@ IV. 학부모 영역 지표 5개에 근거한 '학부모 역할 수행' 점검 결과

영역 총점: ________ /35 만점(1개 지표는 7점 만점)

지표별 평균 점수: ________ (영역 총점 ÷ 5)

학부모 영역 퍼센타일 점수: ________ % (영역 총점 ÷ 35 × 100)

[5] 지원인력 (5개 지표: 42-46)

지표	지표 내용	전혀 그렇지 않다	그렇지 않다	별로 그렇지 않다	보통 이다	약간 그렇다	그렇다	매우 그렇다	비고
		1	2	3	4	5	6	7	
42	◆ **학생에 대한 보조인력의 지원 제공** 특수교육 보조인력은 교내외 각 환경에서 특수교육대상 학생의 특성과 교								

지표	지표 내용	전혀 그렇지 않다 1	그렇지 않다 2	별로 그렇지 않다 3	보통이다 4	약간 그렇다 5	그렇다 6	매우 그렇다 7	비고
	육 목표를 고려하여 계획된 지원의 방법과 정도에 따른 지원을 제공한다.								
43	**◆ 교사에게 보조인력의 업무 보고 및 피드백 공유** 특수교육 보조인력은 업무 내용을 교사들에게 보고하고 피드백을 받는다.								
44	**◆ 보건교사의 지원** 보건교사는 특수교육대상 학생에 대한 건강관리를 계획하고 실행한다.								
45	**◆ 행정직원의 통합교육 지원** 행정직원은 학교 및 학급 운영에서 특수교육대상 학생의 통합교육을 위한 행정적인 지원을 제공한다.								
46	**◆ 학교운영위원회의 통합교육 지원** 학교운영위원회는 통합교육과 관련된 예산 심의 및 집행을 효율적으로 지원한다.								

@ V. 지원인력 영역 지표 5개에 근거한 '지원인력 역할 수행' 점검 결과

영역 총점: ________ /35 만점(1개 지표는 7점 만점)

지표별 평균 점수: ________ (영역 총점 ÷ 5)

지원인력 영역 퍼센타일 점수: ________ % (영역 총점 ÷ 35 × 100)

@ 개별 초등학교의 통합교육 실행 5가지 주체의 역할 수행 점검 종합 결과:

합계 총점: ___________ /322점(1개 지표 7점 만점 × 46개 지표= 322)

46개 지표의 전체 평균: ___________ (합계 총점 ÷ 46)

5가지 통합교육 실행자 전체 퍼센타일 점수: ___________ (합계 총점 ÷ 322 × 100))

종합 점검평:

개선안:

부록 2

통합교육 실행자 5가지 주체의 역할 수행 점검의 종합 결과표

학교명: ______________________

점검일: ________년 _____월 _____일　　　　점검자: _______________

(1) 통합교육 실행자 5가지 주체의 역할 수행 점검의 종합 결과표

영역	지표 번호 (지표 수)	영역별 총점/만점	*지표별 평균	**퍼센타일 점수(%)	비고
I. 학교관리자	1-10 (10)	/70			
II. 특수교사	11-24 (14)	/98			
III. 통합학급 교사	25-36 (12)	/84			
IV. 학부모	37-41 (5)	/35			
V. 지원인력	42-46 (5)	/35			
전체	1-46 (46)	/322			

* 지표별 평균: 영역별 총점 ÷ 지표수(1개 지표 만점은 7점)
(예: 학교관리자 영역별 총점이 50이면, 나누기 10개 지표; 지표별 평균은 5)
** 퍼센타일 점수: 영역별 총점 ÷ 영역별 만점 × 100
(예: 학교관리자 영역별 총점이 50이고 만점이 70이면, 퍼센타일 점수는 71.42%)

(2) 통합교육 실행자 5가지 주체의 역할 수행 점검의 종합 결과 그래프

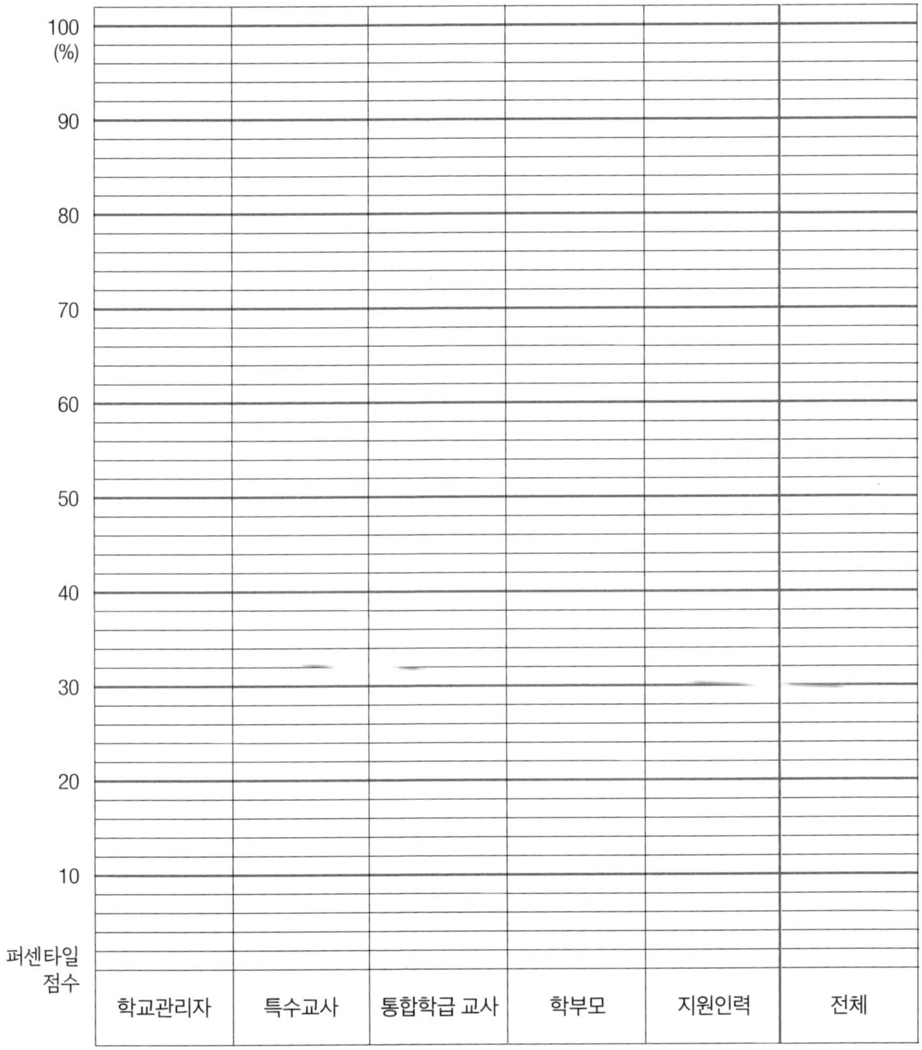

부록 3

통합교육 실행자 5가지 주체의 전체 역할 목록표

1. 학교관리자 지표 (1-10까지)	
지표 1: 학교관리자의 행정적 지원	
1-1.	학교관리자는 통합교육을 위해 특수교육대상 학생의 요구에 맞는 행정적 지원을 제공한다.
1-2.	학교관리자는 통합교육을 위해 통합학급 교사들의 요구에 맞는 행정적 지원을 제공한다.
1-3.	학교관리자는 통합교육을 위해 특수교사들의 요구에 맞는 행정적 지원을 제공한다.
지표 2: 학교관리자의 재정적 지원	
2-1.	학교관리자는 재정적 지원이 필요한 영역을 진단한다.
2-2.	학교관리자는 학교교육 활동이나 행사 중 통합교육 촉진을 위해 재정적 지원의 필요 여부와 필요 정도를 점검 및 평가한다.
2-3.	학교교육 활동이나 행사 지원을 위해 학교 예산을 수립하고 집행한다.
지표 3: 협력적 공동체 형성을 위한 지원	
3-1.	학교관리자는 통합교육에 대한 교육적 철학을 공고히 한다.
3-2.	학교관리자는 학부모를 대상으로 통합교육 연수를 실시한다.
3-3.	학교관리자는 학교 내 모든 인력을 대상으로 통합교육 연수를 실시한다.
지표 4: 통합교육을 지지하는 학교 운영	
4-1.	학교관리자는 학교교육과정 내에 통합교육 실행을 위한 내용을 포함하도록 한다.
4-2.	학교관리자는 학교교육과정에 통합교육 실행에 필요한 세부 사항을 제시하도록 한다.

4-3.	학교관리자는 학교교육과정에 명시된 통합교육 실행의 적절성을 관리·감독한다.
4-4.	학교관리자는 특수교육대상 학생의 지원을 위한 통합교육 관련인 간의 정기적인 회의를 지원한다.

지표 5: 교사에 대한 정서적 지원

5-1.	학교관리자는 통합학급 교사와 특수교사가 통합교육 실행의 전문성과 책무성을 상호 공유하고 있다는 점을 인정한다.
5-2.	학교관리자는 통합교육 관련 업무 추진에 필요한 의견 제시 및 중요한 결정 사항에 대해 통합학급 교사 및 특수교사에게 우선적으로 그 기회를 제공한다.
5-3.	학교관리자는 통합학급 교사와 특수교사가 통합교육을 위해 유·무형의 노력으로 헌신하고 있음을 인정한다.
5-4.	학교관리자는 통합학급 교사와 특수교사의 통합교육을 위한 노력이 전체 모든 학생 교육에 긍정적인 영향을 미칠 수 있음을 인식하고 격려한다.

지표 6: 교사의 전문성 계발 지원

6-1.	학교관리자는 교사의 전문성 계발을 지원하기 위해 학회 참여, 대학원 진학, 외부 워크숍 참석 및 원격교육 수강 등을 격려한다.
6-2.	학교관리자는 교사의 전문성 계발을 지원하기 위해 학교 안과 밖의 학습공동체 모임의 참여를 격려한다.

지표 7. 학교관리자의 갈등중재

7-1.	학교관리자는 학교교육과정의 통합교육 실행에 대한 기준을 마련한다.
7-2.	학교관리자는 통합교육 관련 구성원들 간의 갈등 발생 예방을 위해 노력한다.
7-3.	학교관리자는 통합교육 관련 구성원들 간의 갈등을 효과적으로 중재한다.

지표 8: 개별적 지원 요구 학생에 대한 관리와 지원

8-1.	학교관리자는 개별적 지원 요구 학생 선별을 위한 학교 체계를 갖춘다.
8-2.	학교관리자는 개별적 지원 요구 학생들에게 적합한 지원을 제공한다.
8-3.	학교관리자는 개별적 지원 요구 학생들에게 제공되는 지원의 적절성을 감독한다.

지표 9: 추가 인력 지원

9-1.	학교관리자는 통합교육 실행에서 필요한 추가 인력을 확보한다.

9-2.	학교관리자는 통합교육 실행을 위해 추가 인력을 효율적으로 활용한다.
지표 10: 학교 폭력을 포함한 갈등 상황 관리 및 처치	
10-1.	학교관리자는 학교 구성원들을 대상으로 학교 폭력 예방교육을 실시하고, 학교 폭력 사안 발생 시 법률에 따라 즉각적으로 대처한다.
10-2.	학교관리자는 통합학급 교사가 학교 폭력 예방을 위해 노력하도록 지원한다.
10-3.	학교관리자는 사건 발생 시 교직원이 신속하게 대처하도록 지원한다.
10-4.	학교관리자는 특수교사가 특수교육대상 학생의 학교 폭력 예방을 위해 노력할 수 있도록 지원한다.
2. 특수교사 지표 (11-24까지)	
지표 11: 개별화된 진단평가	
11-1.	특수교사는 교육진단평가를 위한 표준화 검사 도구의 종류와 검사 방법을 숙지한다.
11-2.	특수교사는 특수교육대상 학생의 특성을 고려한 비표준화된 평가 도구를 고안하여 사용한다.
11-3.	특수교사는 특수교육대상 학생의 교육진단평가를 위해 다양한 자료를 수집한다.
11-4.	특수교사는 특수교육대상 학생의 교육진단평가 결과를 공유하고 교육계획 수립 및 교수목표 선정에 반영한다.
지표 12: 개별화교육계획(IEP) 수립	
12-1.	특수교사는 개별화교육운영위원회를 개최하여 특수교육대상 학생의 교육적 요구와 지원을 파악한다.
12-2.	특수교사는 개별화교육지원팀이 개별화교육계획을 작성하도록 관련 업무를 지원하고 조정한다.
지표 13: 개별화교육 실행	
13-1.	특수교사는 개별화교육계획을 기반으로 구체적인 교육활동 계획을 수립한다.
13-2.	특수교사는 교육활동 계획에 따라 교육활동을 실행한다.
13-3.	특수교사는 교육활동에 대해 평가하고 이를 추후 교육활동 계획에 반영한다.
지표 14: 학생의 진보에 대한 평가	

14-1.	특수교사는 학교 단위 학업성적관리위원회를 통해 특수교육대상 학생 평가 기준을 마련한다.
14-2.	특수교사는 특수교육대상 학생의 특성을 고려한 평가 계획을 수립한다.
14-3.	특수교사는 평가 계획에 따라 평가를 실시하고 기록한다.
14-4.	특수교사는 평가 결과를 공유하고 다음 교육활동 계획 수립에 반영한다.

지표 15: 개별적 지원 요구 학생에 대한 지원 노력

15-1.	특수교사는 개별적 지원이 요구되는 학생에게 필요한 경우 지원을 제공한다.
15-2.	개별적인 지원이 필요한 학생을 지속적으로 관찰하고 통합학급 교사에게 자문을 제공한다.

지표 16: 특수교사의 긍정적 행동지원

16-1.	특수교사는 문제행동을 다루기 위한 방안으로 긍정적 행동지원에 대해 교직원 연수를 실시한다.
16-2.	특수교사는 통합학급 교사와 특수교육대상 학생의 문제행동에 대한 정보를 공유한다.
16-3.	특수교사는 학생의 문제행동 기능을 파악하기 위해 '기능 분석'을 실시한다.
16-4.	특수교사는 특수교육대상 학생의 문제행동에 대한 긍정적 행동지원 계획을 수립하고 실행한다.
16-5.	특수교사는 긍정적 행동지원의 실행 효과에 대해 평가하고 그 평가 결과를 다음 계획 수립에 반영한다.

지표 17: 특수교사의 전문성 신장

17-1.	특수교사는 공식적으로 제공되는 전문성 향상 과정에 참여한다.
17-2.	특수교사는 비공식적으로 제공되는 전문성 향상 과정에 참여한다.

지표 18: 다양성 수용의 학교 문화를 위한 프로그램 실시

18-1.	특수교사는 장애이해교육을 실시한다.
18-2.	특수교사는 장애이해교육 및 통합교육 관련 내용을 학교신문, 가정통신문을 활용하여 알린다.
18-3.	특수교사는 통합학급의 '친구 초대 기회' 등을 통해 특수학급이 모든 학생을 위한 공간이 되도록 개방한다.

지표 19: 의미 있는 수업 참여를 위한 교수적 수정 지원	
19-1.	특수교사는 통합학급 교사에게 특수교육대상 학생을 통합학급 수업에 참여시키기 위한 교수적 수정에 대한 이해와 전략을 자문하거나 교수적 수정을 시범적으로 제공한다.
19-2.	특수교사는 통합학급 수업에서 특수교육대상 학생을 위해 활용할 수 있는 교수 자료 및 학습지를 제작하여 제공한다.
19-3.	특수교사는 통합학급 수업 시 통합학급 교사와 협력 교수를 한다.
지표 20: 교사 간 관계 형성 노력	
20-1.	특수교사는 학교 운영과 관련된 공식적 회의에 참여한다.
20-2.	특수교사는 학교 내 공식적 위원회에 참여한다.
20-3.	특수교사는 학교 내 비공식적 모임에 참여한다.
지표 21: 통합교육 실행에서 갈등중재	
21-1.	특수교사는 통합교육 실행 및 평가 중 다양한 통합교육 관련 인사들(예: 학교관리자, 교사들, 특수교육대상 학생과 일반학생의 학부모, 지역사회 인사, 옹호단체, 병원, 관련 서비스 관련인 등)과 의사소통한다.
21-2.	특수교사는 통합교육 실행 및 평가 중 통합교육 관련 인사들과 갈등적 요소가 있는지 수시로 점검한다.
21-3.	특수교사는 통합교육 실행 및 평가 중 통합교육 관련 인사들과 갈등적 요소가 있을 때, 이를 해결하기 위한 중재자의 역할을 한다.
지표 22: 교사와 학부모 간 정기적 협의	
22-1.	특수교사는 특수학급 내에서의 활동 내용과 평가 결과 등이 정기적 및 비정기적으로 전달되도록 한다.
22-2.	특수교육대상 학생의 약물복용을 포함한 의학적 관리에 대한 정보를 정확히 알고 학부모나 의료진으로부터 지원을 받는다.
22-3.	학교의 모든 교사가 특수교육대상 학생이 누구인지 알고 전반적인 학교 활동에서 관심을 기울이도록 특수교사는 필요한 조치를 적시에 취한다.
지표 23: 생활 지도를 위한 관련인 간 협력	
23-1.	학교의 모든 교사, 직원, 학생, 학부모 및 지역사회 관련 인사는 일관된 방법으로 등하교 지도, 안전 관리, 기본 생활습관 형성 및 학교 폭력 방지 등을 위해 함께 협력하여 일한다.

지표 24: 특수교육대상 학생에 대한 긍정적 태도 형성	
24-1.	특수교사는 특수교육대상 학생에 대한 일반학생들의 태도를 점검하고 일반학생들이 특수교육대상 학생에 대해 긍정적 태도를 함양할 수 있도록 적합한 지원 계획을 수립한다.
24-2.	특수교사는 특수교육대상 학생을 비롯한 다양한 특성을 가진 학생에 대한 인식개선 활동을 실시한다.

3. 통합학급 교사 지표(25-36까지)

지표 25: 모든 학생의 학급활동 참여 촉진	
25-1.	통합학급 교사는 모든 학생이 학급활동에 참여할 수 있도록 수업 전 환경을 조성한다.
25-2.	통합학급 교사는 특수교육대상 학생의 개별적 성향과 능력을 고려하여 학급활동에 최대한 참여를 위한 방안을 모색한다.
25-3.	통합학급 교사는 특수교육대상 학생뿐 아니라 모든 학생이 학급활동에 참여하는 것을 독려한다.
25-4.	통합학급 교사는 특수교육대상 학생뿐 아니라 모든 학생의 학급활동 결과물을 동등하게 관리한다.

지표 26: 모든 학생에게 적합한 교육 계획 수립	
26-1.	통합학급 교사는 지역사회, 학교, 학급의 특성을 고려한 교육 계획 및 수업 계획을 수립한다.
26-2.	통합학급 교사는 학급 내 특수교육대상 학생 및 개별적 지원이 필요한 학생에게 적합하도록 교육 계획을 수정한다.

지표 27: 학급규칙 수립 및 운영	
27-1.	통합학급 교사는 학급 회의를 통해 학생들이 주도적으로 학급 규칙을 수립하도록 한다.
27-2.	통합학급 교사는 모든 학생이 이해할 수 있는 명확한 규칙이 세워지도록 한다.
27-3.	통합학급 교사는 특수교육대상 학생이 개별화된 수정을 통해 학급 규칙을 준수할 수 있도록 한다.
27-4.	통합학급 교사는 학급 규칙을 지키지 않았을 때의 후속 결과도 학생들과 충분히 합의하여 정한다.
27-5.	학급 규칙 및 후속 결과는 학급 구성원들이 서로를 배려하고 지원할 수 있는 방법으로 정한다.

지표 28: 모든 학생에게 적합한 평가

28-1.	통합학급 교사는 모든 학생에게 적합한 평가 계획을 수립한다.
28-2.	통합학급 교사는 특수교육대상 학생 및 개별적 지원 요구 학생 등에게 적합하도록 평가 계획을 수정한다.
28-3.	통합학급 교사는 학생의 성취에 대한 정보를 학부모에게 정기적으로 안내한다.

지표 29: 개별적 지원 요구 학생에 대한 지원

29-1.	통합학급 교사는 특수교육대상 학생 외 개별적 지원이 요구되는 학생이 있는지 진단한다.
29-2.	통합학급 교사는 특수교육대상 학생 외 개별적 지원이 요구되는 학생의 주요 요구를 분석한다.
29-3.	통합학급 교사는 특수교육대상 학생 외 개별적 지원이 요구되는 학생에게 학업적, 사회적 및 정서적 지원 중 적합한 지원을 제공한다.

지표 30: 개별화교육계획 수립 및 실행에 참여

30-1.	통합학급 교사는 개별화교육지원팀에 참여하여 특수교육대상 학생의 개별화교육계획(IEP) 개발을 위해 특수교사와 협의한다.
30-2.	통합학급 교사는 통합학급에서 이루어지는 교과목 중에서 개별화교육계획(IEP)에 포함시킬 과목이 있다면, 장·단기 목표 수립에 대한 의견을 제시한다.

지표 31: 통합학급 교사의 긍정적 행동지원

31-1.	통합학급 교사는 모든 학생들이 바람직한 행동을 할 수 있도록 보편적인 지원 시스템을 마련한다.
31-2.	통합학급 교사는 보편적인 지원 시스템에 따라 학생들의 행동을 강화한다.
31-3.	통합학급 교사는 소그룹 지원, 개별적 지원이 필요한 학생이 있는지 판단하여 일관된 중재를 수행한다.

지표 32: 교수적 수정의 협력 및 적용

32-1.	통합학급 교사는 특수교육대상 학생의 수업 참여를 위해 적절한 물리적 환경을 제공한다.
32-2.	통합학급 교사는 특수교육대상 학생의 수업 참여를 위해 특수교사에게 가능한 지원을 요청한다.

32-3.	통합학급 교사는 특수교육대상 학생의 요구에 맞도록 교육과정의 내용과 방법을 수정하여 적용한다.

지표 33: 통합학급 교사의 전문성 신장

33-1.	통합학급 교사는 자기 계발을 통해 일반교육 전문성을 신장한다.
33-2.	통합학급 교사는 자기 계발을 통해 특수교육 전문성을 신장한다.
33-3.	통합학급 교사는 특수교사나 전문 상담 교사와 같은 교내 인적 자원 및 학부모와 긴밀한 관계를 유지한다.

지표 34: 학생 간 상호지원 관계 형성 지원

34-1.	통합학급 교사는 자신의 의사소통 양식과 교실 운영 방식을 점검한다.
34-2.	통합학급 교사는 특수교육대상 학생에게 긍정적인 태도를 보인다.
34-3.	통합학급 교사는 일반학생의 특수교육대상 학생에 대한 긍정적인 태도 형성을 돕는다.
34-4.	통합학급 교사는 특수교육대상 학생과 일반학생간의 상호지원 관계 형성을 돕는다.

지표 35: 다양한 자원 활용을 위한 연계

35-1.	통합학급 교사는 복지관, 평생교육기관, 특수학교 등의 통합교육 관련 지역 사회 기관 및 인사와 연계한다.
35-2.	통합학급 교사는 특수교육대상 학생을 포함하여 학급 학생들이 갈 수 있는 현장 학습 기관 및 봉사학습 기관을 선정한다.

지표 36: 교사들의 협력과 공동 책임

36-1.	통합학급 교사는 개별화교육지원팀의 팀원으로서 특수교육대상 학생에 대한 정보를 얻기 위해 특수교사, 교과담당 교사와 협력한다.
36-2.	통합학급 교사는 특수교육대상 학생의 문제해결 및 기타 협의를 위한 교사 간 협의를 실시한다.

4. 학부모 지표 (37-41까지)

지표 37: 특수교육대상 학생 학부모의 자녀에 대한 정보 제공

37-1.	특수교육대상 학생의 부모는 자녀 교육을 위해 교사와의 정보 공유가 필요함을 인식한다.
37-2.	특수교육대상 학생의 부모는 특수교사, 일반교사 모두와 신뢰에 기초한 협력 관계를 구축한다.

지표 38: 특수교육대상 학생 학부모의 개별화교육계획 참여	
38-1.	특수교육대상 학생 부모는 개별화교육지원팀 회의에 참여한다.
38-2.	특수교육대상 학생 부모는 개별화교육계획 내용을 확인하고 서명한다.
지표 39: 특수교육대상 학생 학부모의 자녀의 학교생활 적응 지원	
39-1.	특수교육대상 학생의 학부모는 학교에서 제시하는 안내사항을 확인하여 자녀의 학교생활 적응을 지원한다.
39-2.	특수교육대상 학생의 학부모는 기본 생활습관 형성을 도우며 자녀의 학교생활 적응을 지원한다.
39-3.	특수교육대상 학생의 학부모는 자녀와 또래와의 친구 관계 형성을 도우며 자녀의 학교생활 적응을 지원한다.
지표 40: 학부모 간 협력 및 학교 행사 참여	
40-1.	특수교육대상 학생의 학부모는 학교공동체 내 한 구성원으로서 교사와 협력하여 학교 및 학급 행사에 참여하고 지원한다.
40-2.	특수교육대상 학생의 학부모는 학교공동체 내 한 구성원으로서 다른 학부모와 협력하여 학교 및 학급 행사에 참여하고 지원한다.
지표 41: 일반학생 학부모의 학생 간 사회적 관계 형성 지원	
41-1.	일반학생의 학부모는 통합교육에 대한 정보를 얻고 통합교육의 의의와 목적을 이해한다.
41-2.	일반학생의 학부모는 자녀가 특수교육대상 학생과 사회적 관계를 형성하도록 지원한다.
5. 지원인력 지표 (42-46까지)	
지표 42: 학생에 대한 보조인력의 지원 제공	
42-1.	특수교육 보조인력은 통합학급에서 각 특수교육대상 학생별로 사전 개발된 지원 계획에 따라 지원을 제공한다.
42-2.	특수교육 보조인력은 학교 일과 중 학생의 수업 참여에 대한 직접 지원 외에 해야 할 업무 사항을 명확히 알고 실행한다.
42-3.	특수교육 보조인력은 통합교육 실행 과정에 필요할 것으로 고려되는 정보를 정확히 기록하고 통합학급 교사와 특수교사에게 제공한다.
42-4.	특수교육 보조인력은 계획대로 일지를 매일 정확하게 기록한다.

지표 43: 교사에게 보조인력의 업무 보고 및 피드백 공유

43-1.	특수교육 보조인력은 특수교육대상 학생 지원과 관련한 피드백을 교사들로부터 제공받는다.
43-2.	특수교육 보조인력은 학생 수행을 관찰하고 교사들에게 관찰한 내용을 제공한다.
43-3.	특수교육 보조인력은 특수교육대상 학생 지원에 대한 자신의 역할을 점검하고, 수정한다.
43-4.	특수교육 보조인력은 교사의 지도하에 학부모와의 상호작용을 한다.

지표 44: 보건교사의 지원

44-1.	보건교사는 건강 이상 학생 및 특수교육대상 학생을 파악하고, 주기적인 점검을 한다.
44-2.	보건교사는 특수교육대상 학생의 의료적 정보를 전교직원과 특수교육대상 학부모에게 제공하여 관리를 돕는다.
44-3.	보건교사는 필요한 경우, 특수교육대상 학생의 의료적 정보를 통합학급 학생들에게 제공한다.

지표 45: 행정직원의 통합교육 지원

45-1.	행정직원은 지원금 지급 시 학생 선정을 위한 공평한 원칙을 세우고 적용한다.
45-2.	행정직원은 통합교육을 위해 필요한 인력 선발, 자원봉사자 수급에 적극적인 지원을 제공한다.
45-3.	행정직원은 통합교육에 활용 가능한 지역사회 자원에 대한 정보 제공 및 연계 역할을 실행한다.
45-4.	행정직원은 학생의 학교 활동 시 안전 사고가 발생하지 않도록 각종 시설물에 대한 안전 조치를 정기적으로 시행한다.
45-5.	통합교육 실행에 필요한 예산 수립 및 관리를 위한 지원을 제공한다.

지표 46: 학교운영위원회의 통합교육 지원

46-1.	학교운영위원회는 통합교육 실행을 위해 필요한 예산에 대한 정보를 숙지한다.
46-2.	학교운영위원회는 통합교육 실행에 필요한 예산을 투명하고 효율적으로 심의한다.
46-3.	학교운영위원회는 적합한 통합교육 실행을 위해 학교관리자, 교사 및 학부모가 어려움 없이 의견을 충분히 개진할 수 있도록 민주적으로 운영한다.

찾아보기

2020 세종도서 학술부문 선정도서

통합교육, 나는 무엇을 해야 합니까?

초등 통합교육 실행 매뉴얼

펴낸날 1판 1쇄 2019년 8월 16일
2쇄 2024년 12월 20일
지은이 박승희 · 홍정아 · 김수연 · 최승숙 · 문주연
펴낸이 주소현
펴낸곳 이화여자대학교출판문화원
주소 서울특별시 서대문구 이화여대길 52 (우03760)
등록 1954년 7월 6일 제9-61호
전화 02) 3277-2965 (편집), 362-6076 (마케팅)
팩스 02) 312-4312
전자우편 press@ewha.ac.kr
홈페이지 www.ewhapress.com
책임편집 민지영

© 박승희 · 홍정아 · 김수연 · 최승숙 · 문주연, 2019

ISBN 979-11-5890-330-5 93370

값 20,000원

* 잘못된 책은 구입처에서 바꾸어 드립니다.